LAODONG JIAOYU

劳动教育
职教版
（第2版）

主　编◎朱国苗　王志英　王秀江
副主编◎潘　新　王　鹏　王　丽

图书在版编目(CIP)数据

劳动教育:职教版/朱国苗,王志英,王秀江主编.—2版.—合肥:安徽大学出版社,2023.8(2024.1重印)

ISBN 978-7-5664-2676-5

Ⅰ.①劳… Ⅱ.①朱… ②王… ③王… Ⅲ.①劳动教育－中等专业学校－教材 Ⅳ.①G40-015

中国国家版本馆 CIP 数据核字(2023)第 162426 号

劳动教育(职教版)(第 2 版)   朱国苗   王志英   王秀江 主编

出版发行：北京师范大学出版集团
　　　　　安 徽 大 学 出 版 社
　　　　　(安徽省合肥市肥西路 3 号 邮编 230039)
　　　　　www.bnupg.com
　　　　　www.ahupress.com.cn

印　　刷	安徽昶颉包装印务有限责任公司
经　　销	全国新华书店
开　　本	787 mm×1092 mm　1/16
印　　张	14
字　　数	257 千字
版　　次	2023 年 8 月第 2 版
印　　次	2024 年 1 月第 2 次印刷
定　　价	39.00 元

ISBN 978-7-5664-2676-5

策划编辑：姜　萍　王　黎　　　　　　　　装帧设计：李伯骥
责任编辑：姜　萍　李晨霞　　　　　　　　美术编辑：李　军
责任校对：王　晶　　　　　　　　　　　　责任印制：陈　如　孟献辉

版权所有　侵权必究
反盗版、侵权举报电话：0551—65106311
外埠邮购电话：0551—65107716
本书如有印装质量问题,请与印制管理部联系调换。
印制管理部电话：0551—65106311

编委会

编委会主任： 朱国苗　窦祥国　宋晓宾

编委会副主任： 王志庆　王良勇　吴　杰

编委会成员单位

安徽机械工业学校	安徽科技贸易学校
安徽能源技术学校	安徽省淮南卫生学校
安徽省霍邱师范学校	安徽省宿州逸夫师范学校
安徽蚌埠技师学院	安徽机电技师学院
安徽建工技师学院	安庆大别山科技学校
亳州中药科技学校	滁州市机械工业学校
滁州市应用技术学校	定远化工学校
凤阳科技学校	阜阳工业经济学校
阜阳经贸旅游学校	阜阳科技工程学校
阜阳职业技术学校	合肥工业学校
合肥商贸科技学校	合肥市工程技术学校
合肥市通用技术学校	合肥铁路工程学校
黄麓师范学校	黄山旅游管理学校
淮南经济技术学校	霍邱工业学校
舒城职业学校	宿州应用技术学校
濉溪职业技术学校	太湖职业技术学校
铜陵理工学校	皖北经济技术学校
皖西经济技术学校	芜湖高级职业技术学校
宣城市工业学校	宣城市生物工程学校
宣城市信息工程学校	颍上县职业技术学校

前 言

2020年3月,中共中央、国务院发布的《关于全面加强新时代大中小学劳动教育的意见》指出:劳动教育是国民教育体系的重要内容,是学生成长的必要途径,具有以劳树德、以劳增智、以劳强体、以劳育美、以劳促创的综合育人价值。职业教育是以坚持面向市场、促进就业、服务发展为宗旨的类型教育,肇始于劳动实践,传承职业劳动技能与职业劳动精神。职业院校的劳动教育应该是通识性劳动教育基础之上的职业性劳动教育。职业院校开展劳动教育,重点是增强职业荣誉感和社会责任感,提高职业劳动技能水平,培育勤勉奋斗的劳动精神和精益求精的工匠意识。职业院校在开展劳动教育方面有着独特优势,不仅有产教融合、校企合作的实训基地等适合开展劳动教育的实践场所与活动平台,还有工学结合、知行合一的"双师型"教师以及行业企业的支持。

"劳动光荣、技能宝贵、创造伟大"。为贯彻落实新时代党对劳动教育的新要求,配合职业院校开展好劳动教育,帮助学生理解劳模精神、劳动精神、工匠精神的丰富内涵,使之内化于心外化于行,充分发挥劳动独特的育人价值,我们编写了《劳动教育(职教版)》一书。本书分理论和实践两部分,采用任务式编写体例,结合职业教育的类型特征,按照"培育新时代劳动文化""生活劳动常态化""校园劳动规范化""公益劳动多样化"目标,理论部分通过"活动设计""角色引入""讨论分享""领悟体验"等模块展开,实践部分则以学习活动形式呈现,努力将劳动教育融入技术技能人才培养全过程,加强劳动价值引导与过程管理,把劳动知识、劳动观和课程结合起来,鼓励在专业学习、实践实习中,实现"学中做""劳中育",引导学生认识劳动、尊重劳动、热爱劳动。本书力求理论与实践融于一体,学以致用,帮助克服将劳动教育简单化、"有劳动少教育"等现象,引导职校生在获得劳动技能和劳动知识的过程中逐步树立正确的劳动价值观,从而成长为专业技能过硬、社会责任心强、自主创新能力高的新型劳动者,赋能技能社会,成就出彩人生。本书配有大量视

频,学生只需拿起手机"扫一扫",登录百度网盘,精美有趣的视频便跃然眼前。

本书由安徽省职业学校的教师共同完成。具体分工如下:任务一,潘新(安徽电子工程学校、安徽机电技师学院)、胡亚东(安徽工商职业学院);任务二,张银星(安徽电子工程学校、安徽机电技师学院);任务三,张银星(安徽电子工程学校、安徽机电技师学院)、张璐(安徽蚌埠技师学院、蚌埠科技工程学校);任务四至任务六,刘美玲(安徽电子工程学校、安徽机电技师学院);任务七、任务八,王鹏、徐锐(安徽汽车应用技师学院 安徽省汽车工业学校);任务九,王鹏、刘海(安徽汽车应用技师学院 安徽省汽车工业学校);任务十,汪常胜、王良勇(合肥铁路工程学校);任务十一,阎景慧(合肥铁路工程学校);任务十二、任务十三,王良勇(合肥铁路工程学校)。朱国苗、王志英、王秀江负责拟定编写大纲,确定编写体例,并承担全书的统稿、定稿工作。全书由李双红(安徽省教育宣传中心)审核。

本书在编写过程中参考了一些教育资源和同行的论著,也得到了兄弟院校老师们的大力支持,我们还选用了部分书(报)刊等内容,因无法与原作者及时取得联系,在此一并致谢与致歉!由于编者水平所限,书中可能存在诸多不足,敬请专家和同行指正。

朱国苗

2023年8月10日

目录

劳动文化篇

全面开展劳动教育　培育新时代劳动文化

◆ 任务一　认识新时代劳动教育　/ 2
　　一、劳动与劳动教育　/ 2
　　二、认知新时代劳动观　/ 6
　　三、职业院校劳动教育的使命　/ 9
　　四、提升职业劳动素养　/ 14

◆ 任务二　铭记新时代劳模追求　/ 20
　　一、爱岗敬业　/ 20
　　二、争创一流　/ 24
　　三、艰苦奋斗　/ 28
　　四、勇于创新　/ 31
　　五、淡泊名利　/ 34
　　六、甘于奉献　/ 37

◆ 任务三　弘扬新时代工匠精神　/ 45
　　一、坚守执着　/ 45
　　二、精益求精　/ 50

　　三、专业专注 / 54

　　四、追求极致 / 59

　　五、一丝不苟 / 63

　　六、自律自省 / 67

日常生活篇

生活劳动常态化　练就基本的生活技能

◆ **任务四　衣之有形** / 78

　　学习活动1　洗衣基本规范　/ 78

　　学习活动2　晾衣基本规范　/ 81

　　学习活动3　收纳基本指南　/ 83

　　学习活动4　穿衣搭配基本常识　/ 86

◆ **任务五　食之有味** / 90

　　学习活动1　初探中国饮食文化　/ 90

　　学习活动2　常见调料及用法　/ 92

　　学习活动3　日常烹饪基础　/ 94

　　学习活动4　常见炊具使用要点及安全常识　/ 97

◆ **任务六　起居有序** / 101

　　学习活动1　作息规律　/ 101

　　学习活动2　设施整洁　/ 104

　　学习活动3　物品井然　/ 106

校园劳动篇

（新能手）

校园劳动规范化　奠基出彩职业人生

◆ **任务七** 做绿色低碳践行者 / 111

　　学习活动1　绿色低碳校园生活 / 111

　　学习活动2　培养节能环保意识 / 116

　　学习活动3　正确认识垃圾分类 / 121

◆ **任务八** 做校园环境维护者 / 130

　　学习活动1　教室寝室美化 / 130

　　学习活动2　实验实训场所"7S"管理 / 136

　　学习活动3　校园公共区域环境维护 / 144

◆ **任务九** 做专业劳动体验者 / 152

　　学习活动1　设计特色专业劳动 / 152

　　学习活动2　掌握技能赛训规范 / 157

　　学习活动3　体验企业仿真实践 / 161

　　学习活动4　学习劳动法规 / 164

社会实践篇

公益劳动多样化　厚植爱国爱民家国情怀

◆ **任务十** 志愿服务 / 174

　　学习活动1　认识志愿服务 / 174

　　学习活动2　了解志愿者和志愿服务精神 / 177

　　学习活动3　常见志愿服务类型与志愿者表彰 / 180

- ◆ 任务十一　节假日兼职　/ 185
  - 学习活动1　识别兼职骗局　/ 185
  - 学习活动2　维护兼职权益　/ 189
- ◆ 任务十二　勤工助学　/ 194
  - 学习活动1　了解资助政策　/ 194
  - 学习活动2　认识勤工助学　/ 197
- ◆ 任务十三　岗位实践　/ 204
  - 学习活动1　岗位实习　/ 204
  - 学习活动2　劳动保护　/ 207

劳动文化篇

全面开展劳动教育　培育新时代劳动文化

篇首语

　　党的二十大报告中指出，"育人的根本在于立德。全面贯彻党的教育方针，落实立德树人根本任务，培养德智体美劳全面发展的社会主义建设者和接班人。"马克思说过，任何一个民族，如果停止劳动，不用说一年，就是几个星期，也要灭亡。劳动是美好生活的源泉，是推动历史前进的动力。劳动教育是新时代党对教育的新要求，我们要立志肩负起民族复兴的时代重任，厚植高尚的劳动情怀，培养良好的劳动品质，在日常学习、专业实训、职业岗位中弘扬劳动精神、劳模精神、工匠精神，牢固树立"劳动最光荣、劳动最崇高、劳动最伟大、劳动最美丽"的价值观，争做德智体美劳全面发展的社会主义建设者和接班人。

任务一　认识新时代劳动教育

【学习目标】

（1）理解劳动的意义，把握劳动教育的内容，培养热爱劳动的态度；领会劳动教育的重要性和必要性。

（2）了解马克思主义劳动价值观的内涵，懂得如何落实劳动责任；理解树立正确的劳动价值观对新时代职业院校学生的重要性；学习劳动教育与劳动幸福观的关系，坚定自身价值观的培育。

（3）了解新时代劳动教育的使命，落实职业院校立德树人的根本任务；准确理解劳动教育的政治属性，把握新时代劳动教育的社会职责；学习劳动教育对人才培养的作用和意义，为职业生涯发展强基固本。

【学法指导】

案例教学；主题阅读；小组讨论；头脑风暴等。

【建议学时】

3学时

一、劳动与劳动教育

【活动设计】

（一）角色引入

教师出示以下两则典型事例，将学生分成几个小组，请各组抽签选取一个事例，进行讨论。

事例一：小丽是某职业院校的一名学生，听到学校要开展劳动教育，她发表了自己的看法："现代科技越来越发达，很多传统的劳动产品都逐渐被科技产品所替代，我觉得没必要把时间浪费在学习这些生活技能上，每个人都应该做自己擅长的、能为社会作出最大贡献的事。"

事例二：小凯参加了学校组织的学农活动，度过了一周与田野大地亲密接触的劳作时光，回校后写的作文还获得了高分。"虽然累，但是很开心，比农家乐还有意思"，小凯回到家后对父亲说。当被问到对学农活动的深层感受时，小凯一脸严肃地说："体力劳动实在太辛苦了。"

活动建议： 教师提前准备好标签供各小组抽取，以案例的题目为标签内容。注意：不同组可选取相同的案例（也可例举本地区、本校的案例）；男生、女生同组。

（二）兴趣探索

1. 小组讨论

小组成员阅读每组事例后讨论的问题：

（1）你是否赞同事例中小丽和小凯的看法，为什么？

（2）你认为对职业院校学生开展劳动教育有哪些教育意义？

每组对讨论结果进行记录。讨论结束后，各组将本组讨论结果集中向全班汇报。

小组讨论建议： 教师先介绍讨论的方法，并给予充分的时间，让学生阅读和讨论，进行关键词记录；各小组推选出发言代表向全班学生作总结发言。

小组讨论中对于每个学生的观点都予以同等关注；学生在陈述自己观点时需要以阅读材料的相应内容作为依据，鼓励学生提出不同观点。

2. 分享小组成果

教师组织学生边分享边讨论，同时将各组讨论结果记录在黑板或纸上。

分享活动建议： 各组可以先简要复述本组事例的内容，归纳出小组成员的基本观点。鼓励小组其他学生参与互动，发表自己的意见，完善讨论成果。

（三）领悟体验

教师可整理与劳动概念或内涵相关的内容，并进行小结点评，重在表述清楚新时代劳动教育的内涵。

劳动，是人们改变劳动对象使之适应自己需要的有目的的活动，即劳动力的支出。劳动是人类社会生存和发展的基础。它主要是指人们在生产物质资料过程中劳动力的一种付出，是能够对外输出劳动量或劳动价值的人类活动。劳动是人们在社会生

活中维持自己生存和发展的唯一手段。

按照传统的劳动分类理论，劳动可分为脑力劳动和体力劳动两大类。

劳动教育是让学生树立正确的劳动观念和劳动态度，热爱劳动和劳动人民，养成劳动习惯的教育，是培养德智体美劳全面发展的人的主要内容之一。

劳动教育是新时代党对教育的新要求，是中国特色社会主义教育制度的重要内容。它具有明显的实践性，要求学生在面对真实的生活世界和职业世界时，以动手实践为主要方式，学会改造世界，在改造世界的过程中塑造自己，提高自身素养。

劳动教育的内容包括：

一是培养学生树立正确的劳动观念，让他们懂得劳动的伟大意义。了解人类的历史首先是生产发展的历史，是劳动人民创造的历史；懂得辛勤的劳动是建设社会主义和共产主义的根本保证；劳动是公民的神圣义务和权利；明白轻视体力劳动和体力劳动者，是数千年来剥削阶级思想的残余；理解实行脑力劳动同体力劳动结合的重要意义。

二是培养学生热爱劳动和劳动人民的情感。养成热爱劳动的习惯，形成以劳动为荣、以懒惰为耻的品质。抵制好逸恶劳、贪图享受、不劳而获、奢侈浪费等恶习的影响。

三是学习是学生的主要脑力劳动，教育学生从小勤奋学习，将来担负建设社会主义事业的任务。学生在校期间，要按照教学计划的规定，适当参加体力劳动。

（四）讨论分享

分享的话题： 结合自己的经历或者见闻，谈谈你对劳动教育的认识。

活动建议： 教师以随机方式进行提问，也可以让学生课后通过信息化教学平台公布自己的答案。学生还能从网络上收集相关信息，对讨论的内容作出补充。

（五）评价拓展

劳动教育是连接教育与生活、职业等的重要环节，是素质教育的重要内容，是促进青少年德智体美劳全面发展的重要载体。

意义之一：劳动教育是实现中国梦的强大助推力量

劳动开创未来，奋斗实现梦想。"以劳动托起中国梦"，根本上要靠劳动者的辛勤劳动、诚实劳动和创造性劳动。青少年对劳动的认知、对待劳动的态度、劳动习惯，以及学校对他们劳动技能的培养，将影响国家和民族的未来。

通过劳动教育，培育新时代学生的劳动情怀，推动广大青年学生接续奋斗，是实现中华民族伟大复兴中国梦基本而有效的途径。

意义之二：劳动教育是学生成长成才的需要

加强劳动教育，有利于学生通过在课堂教学、自身学习、实验实践等环节开展的劳动活动，将自己打造成未来社会需要的有用之才；有利于学生在体味艰辛、挥洒汗水中培养良好的心理素质，在艰苦奋斗、顽强拼搏中磨炼意志，从而获得受益终身的宝贵精神财富；有利于学生形成积极向上的就业创业观，在国家、社会需要与个人价值实现，专业学习与岗位匹配等方面找到平衡，形成自主多元的积极就业观。

劳动精神的培育是德育的重要内容，劳动技能的教育是教育的重要内容，将劳动教育与德智体美教育并列，既是对劳动教育本身的强调，也是培养德智体美劳全面发展的人的要求。

意义之三：劳动教育是培养合格的社会主义建设者和接班人的要求

"教育必须与生产劳动相结合，这是造就全面发展的人的唯一方法"，是马克思对教育与生产劳动关系的精辟论述。德智体美劳全面发展、劳动教育无疑是中国特色社会主义教育的重要内容，是教育体系的重要环节，是学生健康成长的保障，直接决定社会主义建设者和接班人的精神面貌、劳动价值取向和劳动技能水平。

党的二十大报告中指出，"教育是国之大计、党之大计。培养什么人、怎样培养人、为谁培养人是教育的根本问题"。习近平总书记在全国教育大会上指出，培养什么人，是教育的首要问题，要培养德智体美劳全面发展的社会主义建设者和接班人，培养一代又一代拥护中国共产党领导和我国社会主义制度、立志为中国特色社会主义奋斗终生的有用人才。

（六）学以致用

教师结合班级实际情况，开展劳动教育相关的主题活动——"寻找最美身边人"，让学生从自己身边寻找热爱劳动的人物，如同学、老师、亲人、校园清洁工等，歌颂、赞美普通人的劳动事迹，让劳动成为人人可行的事情，让劳动贯穿我们的生活，写一则短小的通讯报道。

活动建议：教师讲解活动要求，学生可以全员参与，也可以分组共同完成一个作品。并让学生结合自己的报道设计出精美的海报，以图文并茂的形式呈现，最后班级评选优秀作品，进行展示。

二、认知新时代劳动观

【活动设计】

（一）角色引入

教师可以通过抽签进行分组，也可以鼓励学生自由分组，并选出小组长；然后请各组对课前问题进行讨论。

问题设计：某班开展了一次关于劳动观的主题班会，引起同学们关于劳动观的讨论。你认为当代职业院校的学生应具有哪些劳动观？劳动与我们的生活幸福有着怎样的关系？

活动建议：教师引导学生进行讨论，各小组在教师的启发下边讨论边记录要点，还可以安排部分学生通过网络查找相关资料，最后由小组代表阐述本组观点，鼓励有新的想法和见解。

（二）兴趣探索

1. 小组讨论

各小组进行讨论时，可以设计以下问题：

（1）你认为马克思主义劳动观是什么？

（2）通过查阅相关资料，说一说马克思主义劳动观的历史演变过程。

小组讨论建议：每组对讨论结果进行记录，小组长记录讨论关键词或者讨论的结果。讨论结束后，各组向全班汇报小组讨论的结果。

小组讨论中对于每个学生的观点都予以同等关注，鼓励提出不同意见，丰富讨论成果。

2. 分享小组成果

教师组织学生边分享边讨论，同时将各组讨论结果记录在黑板或大白纸上。

分享活动建议：各组代表可以先简要复述或者归纳小组成员的基本观点，也可以电子文件形式将观点呈现在校园信息化教学平台上。鼓励小组其他学生参与互动，发表自己的意见，完善讨论成果。

（三）领悟体验

教师讲述马克思主义劳动教育观的相关内容及其演变，并进行小结点评，重在表述清楚马克思主义劳动观中国化的发展。

劳动是学习的工具，劳动是教育的手段，劳动是一切知识的源泉。

劳动观是马克思主义的基本观点，马克思、恩格斯指出，劳动是人类社会历史发展的前提和基础，要不断将劳动从资本主义条件下解放出来，使之成为人们生活的第一需要。列宁继承发展了马克思主义，重视提高劳动生产率、劳动与教育相结合，主张使劳动群众真正成为社会主义社会的建设者和管理者。

"五一"国际劳动节的由来

毛泽东为马克思主义劳动观中国化作出了重要贡献，强调干部是普通劳动者，动员干部参加集体生产劳动，重视知识分子的劳动及其作用等。改革开放以来，邓小平等党和国家领导人不断强调实现劳动者的自由与发展；改革就是解放生产力和解放劳动者；提出了"四个尊重"方针，即"尊重劳动、尊重知识、尊重人才、尊重创造"；提出了包含"以辛勤劳动为荣，以好逸恶劳为耻"在内的社会主义荣辱观。

（四）讨论分享

分享的话题：进入新时代，马克思主义劳动观有哪些新的发展？结合实际，谈谈该如何理解马克思主义劳动幸福观？

活动建议：教师进行课堂提问，鼓励学生利用网络收集的相关资料，对讨论的成果作出补充。教师课前准备一叠小卡片，卡片上分别写出相关问题。按照先前的分组，进行小组比赛。小组选出代表，通过猜拳的方式决定答题顺序，赢者先答。一张卡片为一题，先由第一组回答卡片上的问题，答对继续答下一题，答错则由下一组接着回答，以此类推。答对一题给1分，答错一题扣1分，不答题给0分，给予得分最高

的组以奖励。

（五）评价拓展

党的十八大以来，习近平总书记在继承基础上进一步丰富和发展了马克思主义劳动观，提出了一些具有代表性的基本观点。

观点之一：劳动观的表现

劳动两源泉说，即劳动是财富的源泉和幸福的源泉；三类劳动统一说，即辛勤劳动、诚实劳动和创造性劳动三位一体；诚实劳动三大价值说，即实现美好梦想、破解发展难题、铸就人生辉煌；劳动的民族价值说，即劳动创造民族存在、民族历史、民族未来。

观点之二：劳动观的特性

马克思主义劳动观是科学性与意识形态性的统一。一方面，劳动观是对劳动规律的反映，体现了劳动的合理性。另一方面，劳动观具有意识形态性。

观点之三：劳动观的个性化实现

——榜样示范、见贤思齐。马克思主义劳动观的实现要注重发挥劳动者中先锋模范的作用。

——明确要求、厘清责任。在中国特色社会主义事业的伟大实践中，劳动者应具备如下意识和品质：一是劳动者要有"两感"（历史使命感和责任感）；二是劳动者要有"两意识"（大局意识和法律意识）；三是劳动者要"三肯"，即肯学、肯干、肯钻研。

——知行合一、贵在落实。一是崇尚劳动与造福劳动者相统一，二是将促进劳动者的发展作为国家战略，三是通过发展社会主义民主来保障和发展劳动者的民主权利。

（六）学以致用

教师通过教学课件出示以下表述劳动观的句子：

A. 社会主义制度的建立给我们开辟了一条到达理想境界的道路，而理想境界的实现还要靠我们的辛勤劳动。

B. 满山的桃花、碧绿的田野、金灿的油菜花望不到边际，农民，您用那粗壮的双臂换来我们的美食，您用汗水浇灌了我们的身体。

C. 埋没在底层的人才真正值得敬重，他一辈子辛勤，一辈子奔忙，不求声誉和光荣，只有一种思想给他鼓动，为公众利益而劳动。

D. 人生最大的快乐，是自己的劳动得到了成果。农民劳动得了收获、工人劳动出了产品、医生劳动治好了病、教师劳动教好了学生，其他工作都是一样。

……

结合实际，组织一次关于劳动观的班级主题活动，引导同学们讨论：生活中遇到的一些现象（如拜金主义行为、享乐主义行为）体现了怎样的劳动观？这些价值观是否正确？在当代社会，我们应该持有怎样的劳动观？

___

活动建议： 教师根据班会课基本程序组织本次主题班会活动，学生提前作好相关资料和设备的准备。班会课之后，请部分学生代表（小组长）参加课后反思座谈会，以便持续改进。

三、职业院校劳动教育的使命

【活动设计】

（一）角色引入

教师事先将准备好的学习材料复印件分发给学生，或者将学习材料的电子版发给学生，学生任意选取一个材料加以讨论，学生选择讨论的材料不要重复。讨论话题：你认为当前学校开展劳动教育对落实立德树人有着怎样的作用和意义？

材料一： 2016年12月7日，习近平在全国职业院校思想政治工作会议上强调："要坚持把立德树人作为中心环节，把思想政治工作贯穿教育教学全过程，实现全程育人、全方位育人，努力开创我国高等教育事业发展新局面。"2018年5月2日，在同北京大学师生座谈时，他再次强调："要把立德树人的成效作为检验学校一切工作的根本标准……要把立德树人内化到大学建设和管理各领域、各方面、各环节，做到以树

人为核心，以立德为根本。"

材料二： 2019年7月3日，教育部召开"不忘初心、牢记使命"主题教育大中小学劳动教育专题调研座谈会，深入贯彻落实习近平总书记关于劳动教育的重要论述，对照新时代培养德智体美劳全面发展的社会主义建设者和接班人要求，集思广益、群策群力，为劳动教育把脉问诊、开方抓药。

材料三： 党的十八大以来，习近平总书记站在党和国家事业发展的高度，立足新时代的历史方位，着眼于为中国特色社会主义事业培养德智体美劳全面发展的建设者和接班人、培养担当民族复兴大任的时代新人，对加强劳动教育作出了系列重要论述。总书记指出，尊重劳动、尊重知识、尊重人才、尊重创造，把尊重劳动放在"四个尊重"之首，更加突出了劳动教育的基础作用。教育系统要全面贯彻党的教育方针，抓紧作好顶层设计，深入推进劳动教育。党的二十大报告强调，"在全社会弘扬劳动精神、奋斗精神、奉献精神、创造精神、勤俭节约精神，培育时代新风新貌"。2023年4月30日，在"五一"国际劳动节到来之际，中共中央总书记、国家主席、中央军委主席习近平代表党中央，向全国广大劳动群众致以节日的祝贺和诚挚的慰问，"希望广大劳动群众大力弘扬劳模精神、劳动精神、工匠精神，诚实劳动、勤勉工作，锐意创新、敢为人先，依靠劳动创造扎实推进中国式现代化，在强国建设、民族复兴的新征程上充分发挥主力军作用。各级党委和政府要充分激发广大劳动群众的劳动热情和创新创造活力，切实保障广大劳动群众合法权益，用心帮助广大劳动群众排忧解难，推动全社会进一步形成崇尚劳动、尊重劳动者的良好氛围"。

活动建议： 教师指导学生在陈述自己观点时应以材料中的相应内容作为依据；选择3～5名学生的观点加以分享。教师可在学生充分交流的基础上进行知识点补充讲解。

（二）兴趣探索

1. 小组讨论

各小组进行讨论时，可以设计问题：通过查阅相关资料，说一说劳动教育对学校人才培养的意义是什么。

小组讨论建议： 将男女学生以报数方式分为两组，小组进行讨论。要求各小组把讨论结果写在大白纸上，讨论结束各组派一名代表向大家汇报讨论成果。

小组讨论期间对每个学生的观点给予同等关注，鼓励学生提出不同观点，丰富讨论成果。

2. 分享小组成果

教师组织学生边分享边讨论，同时将各组讨论结果记录在黑板或大白纸上。

分享活动建议：每组代表可以先简要复述或者归纳小组成员的基本观点，也可以电子稿形式将观点呈现在信息化教学平台上。鼓励小组其他学生参与互动，发表自己的意见，完善讨论成果。

（三）领悟体验

教师简要分析劳动教育对于职业院校人才培养的相关作用及意义，并进行适当点评。

劳动是人类基本的实践活动和存在方式，是人类创造物质财富和精神财富的基本途径，也是人类生存和发展的最基本条件。

职业院校肩负着人才培养、科学研究、社会服务、文化传承创新、国际交流合作的重要使命，在完成立德树人这一根本任务，培养又红又专、德才兼备、全面发展的中国特色社会主义合格建设者和可靠接班人的过程中，必须把强化学生劳动情怀培育作为一项重要任务。

教育培养的是德智体美劳全面发展的社会主义接班人。劳动与教育是密不可分的，不存在也不应该存在不含有劳动因素的教育。职业院校只有加强劳动教育，发挥劳动教育塑造健全人格、锤炼高尚品格、磨炼顽强意志的重要作用，才能培养德智体美劳全面发展的社会主义建设者和接班人。劳动教育要和德育、智育、体育、美育紧密联系，形成促进人的全面发展的现代人才培养体系。

劳动教育支撑职业院校立德树人的逻辑维度如下。

——梦想实现维度。劳动教育发挥实现梦想的作用，有利于提高思想政治教育的实践性。通过劳动教育实现个人梦想，并为现实的政治任务、经济任务以及其他任务服务，是职业院校思想政治教育立德树人的基本要求。

——价值引导维度。劳动教育发挥价值引导的作用，有利于加强思想政治教育的针对性。培育学生正确的劳动价值观是职业院校思想政治教育亟须解决的核心问题。习近平指出："青年的价值取向决定了未来整个社会的价值取向，而青年又处在价值观形成和确立的时期，抓好这一时期的价值观养成十分重要。"正确的劳动观不仅直接影响学生在校的学习和生活，而且关系其走向工作岗位以后的就业倾向、价值取

向、社会责任感等方面的精神特质。正确的劳动观不是一朝一夕形成的，而是日积月累形成的，为学生将来走上工作岗位奠定了坚实的基础。

——实践育人维度。劳动教育发挥实践育人的作用，有利于拓宽思想政治教育的实现路径。思想政治教育不仅要通过理论说服人和书本教导人，还必须以实践为基础，通过实践来提高思想政治教育的有效度，增加思想政治教育的深度。劳动是联系知识与实际的纽带。劳动生活和劳动实践不但可以印证学生所学的课堂知识，把教科书的专业知识内化为个体认知，培育创新意识，还可以使学生从具体的劳动过程中体会劳动的意义和快乐，发现和感悟关于生命、人生、价值等层面的道理，从而实现人的自由全面发展。

——以文化人维度。劳动教育发挥以文化人的作用方式具有间接性和潜在性，有利于增强思想政治教育的吸引力。学生正确劳动观的形成是学生自身与各种社会、自然环境共同作用的结果。职业院校重视劳动教育，因为它不仅能够增强学生的劳动认同，而且一定程度上可以让学生在校园活动中受到潜移默化的影响。

（四）讨论分享

分享的话题：想一想，学校开展劳动教育在立德树人方面有哪些目标支撑？

活动建议：每组代表根据分组情况、小组长记录的讨论结果，向全班作介绍，各组分享讨论成果。教师仔细听取学生的讨论成果汇报，并对其中的精彩片段予以点评，鼓励学生。

（五）评价拓展

劳动教育不是一蹴而就的，而是融于青少年成长成才的全过程。劳动教育具有鲜明的实践性特征，因此，劳动教育的有效开展既需要与人才培养体系有机结合，又必须在现实行动中予以实施，从而实现对立德树人的支撑。

目标之一：道德素养与日常实践结合

职业院校学生正处于世界观、价值观和人生观形成的重要时期，生活阅历缺乏，基本生活技能欠缺，尚未完全形成对人生的深刻体验和感悟。劳动作为沟通主观与客观的中介，有助于提高学生的道德素养，促进其全面成长。

现在有些学校开展学生管理工作改革，投入专项经费设置勤工助学岗位，如让学生负责校园环境卫生、去食堂做帮工等。让学生通过参与美化和净化学校环境的劳动，学会懂得劳动的艰辛，尊重劳动，尊重别人的劳动付出，养成吃苦耐劳的品格，培养良好的劳动习惯，获得一定的劳动技能，增强集体荣誉感。

目标之二：专业学习与社会实践结合

在劳动教育的培育目标上，要将专业学习和社会实践结合，培养社会主义建设者和接班人。

一方面，劳动教育要渗透到专业课程中。学校的专业课中有着很多劳动教育的资源。在涉及劳动教育的相关文科课程中引导学生培育劳动情怀，树立正确的劳动价值取向。

另一方面，劳动教育要渗透到社会实践中。实践出真知，劳动教育必须超脱黑板上的教育，而使之转化为行动教育。职业院校在劳动教育中，要加强对学生劳动情怀的培育，可以通过建设教学与科研紧密结合的实践教学基地、开展学校与社会密切合作的校企办学等途径，增加实验实践教学课时，通过具体的劳动实践，让学生切身体会劳动的艰辛，增长社会阅历，积累社会经验，提升社会竞争力。

目标之三：创业就业与价值实现结合

顺应时代发展的要求，职业院校的学生不仅要勤于学习，敏于求知，还要善于实践，勇于探索创新，在就业或创业的过程中，实现人生价值。

树立正确的择业观，提高就业满意度，实现人生价值。择业观在很大程度上受劳动观影响。反过来，正确择业观的确立一定程度上也会促进正确劳动观的形成。

而创业是一种创造性劳动，是一个从无到有，从理念到行动，从不知到可知的劳动过程，在这个过程中，不仅要了解新情况，解决新问题，而且要具有苦于实践、勇于创新的激情和魄力。坚持创新创业教育，弘扬创造性劳动光荣的良好风气，鼓励并培养学生的批判思维，引导学生在实践中推陈出新、在就业创业上开创新局面。

目标之四：锤炼品格与艰苦锻炼结合

职业院校的学生在艰苦锻炼的实践中不断锤炼品格，通过亲身感受和体验，不仅可以加深对主观世界和客观世界的认知，而且可以增加对未来人生规划的主动性和创造性。

一方面，劳动是锤炼品格、砥砺青春的"磨刀石"。劳动可以磨炼人的意志，增加人的自信，促进人的全面自由发展。人只有在劳动中能动地发挥聪明才智，才能真正认识自己。劳动，特别是集体劳动和一些富有创造性的劳动，有助于培养和激发人的集体意识、责任意识与担当意识。

另一方面，艰苦锻炼铸就干事的历史担当。在恶劣的自然条件下，繁重的劳动能够培养顽强拼搏的奋斗精神、坚毅刚强的意志品质和勇于担当的品格风范。这对于职业院校的学生来说也同样适用，在创业就业的初始阶段都是艰辛的，只有通过吃苦耐劳的拼搏、艰苦卓绝的努力，才有可能实现人生价值，真正承担起为中华民族伟大复兴而奋斗的历史重任。

（六）学以致用

收集网络上立德树人的相关理论文章以及典型案例，选取2~3篇文章阅读并写一篇读后感，谈谈你对"立德树人"的认识，并在班级内分享。

_____
_____
_____

活动建议：教师根据班会课基本程序组织本次"我眼中的立德树人"主题班会活动，学生提前作好相关资料和设备的准备。班会课结束后，请部分学生代表（小组长）将优秀的作品发布在班级群等信息化平台上，供大家参阅。

四、提升职业劳动素养

【活动设计】

（一）角色引入

根据班级人数将学生分组，调查了解学生的劳动素养状况，男、女生交叉同组。

问题设计：

材料一：有无怕吃苦、不做家务、坐享其成、好逸恶劳等情况？

材料二：什么是成功？有什么样的理想？

材料三：对就业单位的性质、发展、环境和薪资有着怎样的期望？

活动建议：通过问题导入，了解学生在学习、生活中的思想行为和表现。

（二）兴趣探索

1. 小组讨论

根据上面的调查，小组成员作出分析，提出相应问题，师生共同探讨。

讨论话题：

（1）在经济全球化、生活科技化、交往虚拟化的当下，人们的劳动意识是否淡薄了？

（2）劳动价值的衡量标准是什么？

（3）职业生涯规划中是否存在好高骛远的情况？

小组讨论建议：针对调查的结果，在表达自己的想法时，可以网络查找的相关内容为依据，提出不同的建议和观点，小组长作好关键词记录。

2. 分享小组成果

组织学生边讨论边分享，将讨论结果记录在黑板上（投影仪）。

分享活动建议：各组在分享本组讨论结果前，先简要复述本组所选择事例与观点，以便其他小组更好地了解，然后总结呈现小组讨论的成果。分享讨论成果后，教师进行总结，鼓励大家自由地提出建议。

（三）领悟体验

教师根据小组讨论的成果与教学要点，概括当今学生劳动素养状况，启发学生思考问题产生的原因。

——家庭劳动教育失范。伴随人们生活水平的不断提高，一些父母在孩子小的时候就给他们灌输"只要好好学习，其他什么事都不用管"的观念，将学习和劳动对立起来，家长不愿、不舍、不敢让孩子劳动，更有一些家长将对孩子教育的目的设定为"长大后找一份体面的工作"，学生毕业，进入社会吃不了苦，适应能力差，对于孩子的不适应，家长则是百般纵容。

——学校劳动教育失衡。从小学到大学，很少有学校将劳动纳入教学计划，即便有的学校将劳动纳入教学计划，也只是流于形式，对劳动的过程与结果实际上并没有进行过考核，淡化了对学生劳动观念、劳动意识的教育，削弱了对他们劳动能力和劳动意愿的培养，学生普遍缺乏吃苦耐劳的精神。

——社会劳动教育失向。科技的发展带来自动化和智能化的日益普及与社会分工的细化，有些人因而产生了认识上的偏差，认为劳动能力并不重要。一段时间以来，对于那些风光、体面、高薪的职业，社会导向表现为异常追捧，大众传媒也呈现出庸俗化、娱乐性、平庸化、轻实践、轻工农的特点，使得许多学生和家长在劳动观的确立上出现了偏差。

（四）讨论分享

分享的话题：

（1）提升劳动素养有利于增强职校学生的综合竞争力。

（2）提升劳动素养有利于培养职校学生的独立生活能力和社会责任感。

活动建议： 按照学生的学号排序，采取抽号方式进行提问，鼓励学生自愿回答，安排专人记录学生的答案或者关键词。

（五）评价拓展

什么是高素质的劳动者？

——具有某一专业的基础知识和实践经验。作为某一方面的人才，首先应拥有某一专业的基础知识，或者通过专业机构的专门学习和训练，或者在实践中进行过探索学习和钻研。如果仅有书本知识而缺乏实践经验，或者仅有实践经验而缺乏系统性的基础知识，都不可能成长为人才。

——具有良好的道德素质。道德和知识组成人生的坐标系，道德素质好比横坐标，知识水平好比纵坐标，人生的起点就好比0点，如果道德素质呈负数，知识越多，对社会的危害就越大。为社会所承认的人才，必须是对社会发展作出贡献的人。所以没有良好道德素质的人，无论有多少知识，都不是人才。

——具有适合的工作岗位。任何人都只有在适合的工作岗位才能充分发挥作用，离开了适合的工作岗位，任何人都很难成为人才。强调适合的工作岗位，不仅要求用人者从用人所长的角度考虑问题，而且要求被使用者必须积极主动地去适应工作岗位，这是成为人才不可逾越的一步。

——具有高度的责任感。许多人自恃为人才，不注重对自己责任感的要求，大事做不好，小事又不愿意做，知识得不到应用，作用得不到发挥，整日怨天尤人。有些人在被信任和重用的时候有责任感，在不被信任和重用的时候就没了责任感；在大事上有责任感，在小事上就没了责任感。高度的责任感，应该是一个人的本能表现。无论客观条件是否允许,是否有外力的作用,都会自觉、积极、主动地表现出高度的责任感。

(六)学以致用

教师指导学生根据学习情况,总结本节课的学习内容,进行全班交流,如:

A. 要想成为全面发展的人,就要从现在做起,具备一定的劳动知识与技能。

B. 要想成为有尊严、有教养、有良好情操的现代公民,就要从现在做起,尊重劳动,尊重劳动人民的情感,养成良好的劳动习惯。

C. 要想取得工作成绩,就要从现在做起,忠诚岗位、吃苦耐劳、感恩师傅、团结同事。

活动建议:教师不要简单、直接地对本节课的内容作出总结,而应鼓励学生结合自身实际,积极发言,认真倾听,自己归纳,从思想和行动上将提升职业劳动素养落到实处。

【学习资源包】

中共中央 国务院《关于全面加强新时代大中小学劳动教育的意见》

【案例分享】

厘清立德树人根本任务中"德"的含义[①]

立德树人是教育的根本任务,对象是广大青少年群体,培养目标是德智体美劳全

---

① 王树荫:《厘清立德树人根本任务中"德"的含义》,《光明日报》,2019年12月4日,有改动。

面发展的社会主义建设者和接班人。青少年阶段是人生的"拔节孕穗期",最需要精心引导和栽培。

理解立德树人的"德",要立足培养担当民族复兴大任的时代新人、社会主义建设者和接班人的战略高度,做到以树人为核心,以立德为根本。

中国共产党历来重视德育在人才培养中的重要作用,始终将"德"放在人才标准的首位,强调德才兼备、以德为先。党的十八大报告首次将"立德树人"确立为教育的根本任务,党的十九大报告进一步指出,要"落实立德树人根本任务"。在北京大学师生座谈会上,习近平总书记强调:"要把立德树人的成效作为检验学校一切工作的根本标准,真正做到以文化人、以德育人,不断提高学生思想水平、政治觉悟、道德品质、文化素养,做到明大德、守公德、严私德。"

落实立德树人根本任务,最根本的是要全面贯彻党的教育方针,解决好培养什么人、怎样培养人、为谁培养人这个根本问题。培养什么人,是教育的首要问题。习近平总书记强调,"我们党立志于中华民族千秋伟业,必须培养一代又一代拥护中国共产党领导和我国社会主义制度、立志为中国特色社会主义事业奋斗终身的有用人才。在这个根本问题上,必须旗帜鲜明、毫不含糊"。"培养德智体美劳全面发展的社会主义建设者和接班人",这是教育工作的根本任务,也是教育现代化的方向目标。要实现树人目标、完成树人任务,首先必须"立德",坚持育人为本、德育为先。立德树人的"德",应该是"大德、公德、私德"之总称,与德智体美劳中"德"的含义相同,包括政治、道德、法律,即理想信念、道德品质、法治素养三个方面。

立德就是要坚定青少年理想信念、塑造青少年道德品质、涵养青少年法治素养。要引导青少年坚定理想信念,坚定马克思主义信仰、共产主义远大理想、中国特色社会主义共同理想,树立实现中华民族伟大复兴的自信心,解决好世界观、人生观、价值观这个"总开关"问题。教育引导学生树立和坚持正确的历史观、民族观、国家观、文化观,增强民族自豪感和自信心,把自己的理想同祖国的前途、把自己的人生同民族的命运紧密联系在一起,自觉把个人的理想追求融入国家和民族的事业中,听党话、跟党走,扎根人民、奉献国家,在实现"两个一百年"奋斗目标进程中建功立业。

习近平总书记指出,"人人都是一块玉,要时常用真善美来雕琢自己,不断培养高洁的操行和纯朴的情感,努力使自己成为高尚的人","做人做事第一位的是崇德修身","踏踏实实修好品德……成为有大爱大德大情怀的人"。这些重要论述,是对学生品德修养的要求，也是提升学生品德修养的切入点。要培养青少年爱国情怀、集体意识、品德修养，使其学会正确处理国家、集体、个人三者关系；着力引导学生把正确的道德认知、自觉的道德养成、积极的道德实践紧密结合起来，自觉培育和践行社会主义核心价值观。

全面依法治国是坚持和发展中国特色社会主义的本质要求和重要保障，社会主义法治是中国特色社会主义制度的基石。习近平总书记指出，"法治人才培养上不去，法治领域不能人才辈出，全面依法治国就不可能做好"，"法学教育要坚持立德树人，不仅要提高学生的法学知识水平，而且要培养学生的思想道德素养"。在全面依法治国、建设法治中国的进程中，青少年肩负着重要责任，关系到中国特色社会主义法治建设的未来和希望；青少年要培育与养成尊法、学法、守法、用法的基本理念和行为习惯，做遵纪守法的现代公民。

任务二 铭记新时代劳模追求

【学习目标】

（1）形成正确的劳动观和爱岗敬业的劳动态度，明确岗位技能成才的具体途径。

（2）挖掘争创一流精神的内涵，培养不断超越自我的精神品质；学会制定争创一流的目标，主动践行，实现目标；培育学生在实践中不断创造一流业绩的自觉意识。

（3）理解理想的实现必须经过艰苦奋斗，教育学生继承和发扬艰苦奋斗的精神；学习榜样人物，激励学生继承优良传统，培育艰苦奋斗的劳模精神。

（4）明确岗位创新的方法和途径；学习创新创业的政策，立足岗位创新，培养创新意识和创新习惯。

（5）引导学生保持正能量，辩证地对待生活中的"名"与"利"；学习淡泊名利的意义，培育学生树立科学的荣辱观和价值观。

（6）学习劳模身上的奉献精神，培育学生奉献担当意识与家国情怀；学习劳模敢于担当、乐于付出的行为品质，培育自觉为社会、为国家作出奉献的精神。

【学法指导】

主题阅读；案例分析；小组讨论；情境教学；任务驱动；角色扮演。

【建议学时】

6学时

一、爱岗敬业

【活动设计】

（一）角色引入

根据二维码（见44页）中的学习材料，以游戏的方式对学生进行分组，将学生分为若干组，6~8人一组，然后各组抽签选取一个案例。

活动建议： 找同伴游戏。提前准备一副扑克牌，打乱洗牌，请同学们抽取，抽到不同颜色A的四个人，站到中间，不能说话，通过肢体动作，传递和交换信息，找到与自己花色相同的组员同伴，组成小组。每个小组进行分工，选出1个组长、1个记录员、1个报告员。教师提前准备好标签供小组抽取，以案例题目为标签内容。

（二）兴趣探索

1. 小组讨论

每个小组阅读本组自选的案例，先独立阅读、独立思考，随后进行小组讨论。

讨论的话题：

（1）为什么一技在手，在平凡的岗位也能出彩？

（2）岗位、技能成才的秘诀是什么？

小组讨论建议： 教师可先介绍讨论的方法，小组内每位同学都要积极参与讨论，说说案例中人物为什么能成功？他们中的哪些事例是同学们最感兴趣、最受启发的？写出案例中人物给大家印象最深刻的关键词，并进行关键词记录；绘制案例人物成功元素图；最后由各小组报告员就小组讨论结果作总结发言。

针对讨论的话题，每个学生快速说出自己的看法。在表述自己观点时，要结合自身情况，有针对性地以阅读材料的相应内容为依据。准备一张大白纸，记录员将每个学生表述的内容不加选择地记录下来，对关键词作出标记。在学生们充分陈述意见后，集中对关键词进行讨论、归类，并形成讨论的结果。

2. 分享小组成果

在教师组织的集中展示课上，各组派代表阐述小组讨论的结果，师生讨论，并将达成共识的讨论结果记录在黑板或大白纸上。

分享活动建议： 每组在分享本组讨论结果前，先简要复述本组案例的内容，以便其他组了解，然后以多种方式呈现讨论的成果。其他组成员可以表明自己的意见，补充更多的关键词，完善讨论的成果。

（三）领悟体验

教师结合案例，对列出的关键词进行梳理、归纳和补充，引导学生思考案例中的人物在实现岗位成才、技能成才方面具有的相同点和不同点。归纳为：取得成功的前

提和核心，要有一技之长，干一行、爱一行、专一行、精一行。

教师结合案例，讲解岗位成才的基本要求——爱岗敬业，帮助学生理解乐业、勤业和精业的具体内容，明确乐业、勤业和精业之间相辅相成的关系，以及它们与岗位成才的关系。

爱岗敬业是职业活动的灵魂，是岗位成才的基石，是做好本职工作的前提。爱岗，顾名思义就是热爱自己的工作岗位，敬业就是"专心致志以事其业"，即用一种恭敬严肃的态度对待自己的工作，认真负责、任劳任怨、精益求精。爱岗和敬业总是联系在一起的，爱岗是敬业的前提，敬业是爱岗情感的进一步升华。

三个关键词：乐业、勤业、精业。

乐业：培养对所从事工作浓厚的职业兴趣，充分认识所从事职业的职业价值，激发强烈的崇敬感和自豪感，职业无高低贵贱之分，做到干一行、爱一行、专一行、精一行，保持乐观向上的工作态度，在职业实践中体味和享受职业的乐趣。

勤业：要有忠于职守的工作责任心、认真负责的工作态度、勤奋进取的工作精神，敷衍、马虎、懒惰是成功的三大"天敌"。

精业：对工作精益求精，坚持创新，追求卓越，争创一流。

（四）讨论分享

1. 分享的话题

（1）谈谈怎样才能成为一名优秀的技术技能人才。

（2）结合实际，谈谈身边的劳模有哪些值得我们学习的劳动品质。

活动建议：按照先前的分组，每个组在大白纸上尽可能多地写出需要有职业资格证书的技术工种名称，比比看哪个组写得多，大家写得一样吗？把各组所列名称集中汇总、分类，并具体说出每个技术工种是做什么的。对照二维码（见44页）中相关内容，梳理我省技术技能人才中的劳动模范有哪些值得学习的优良品质。

2. 现场小调查

各组进行小调查：哪些职业工种是学生最想做的，哪些是他们最不想做的，哪些是学生不知道、不了解的职业工种，为什么？

对各组的调查作出统计分析，看看学生的职业认同、兴趣爱好、价值取向、职业期待等有哪些异同，从而了解他们在进行职业选择时存在哪些问题。

分类	职业（工种）名称	原　因	赞成人数	反对人数
最理想的职业				
最不愿做的职业				
最陌生的职业				

（五）评价拓展

"千里之行，始于足下"。我们每个人的职业生涯是从做好本职工作开始的，岗位是职业成长的沃土，更是成才的舞台。应明确岗位成才的主要方向，清楚岗位成才的最佳路径。

路径一：爱岗敬业——岗位成才的"入场券"

所谓爱岗就是热爱自己的工作岗位，热爱本职工作。爱岗是对人们工作态度的一种普遍要求。所谓敬业是用一种严肃的态度对待自己的工作，勤勤恳恳，兢兢业业，忠于职守，尽职尽责。

爱岗敬业是一种普遍的奉献精神，它要求员工在自己的工作岗位上尽职尽责，尽心尽力，遵守职业道德。只有爱岗敬业的人，才会在自己的工作岗位上勤勤恳恳，一丝不苟，精益求精，才有可能为企业、为社会作出奉献。

路径二：历练绝活——岗位成才的"金刚钻"

一技在手，就业少忧，人人都能练一手"绝活儿"。所谓技术能手是指从技术职工中选拔出来、在某一职业（工种）领域具有高超技术技能的优秀人才。由高至低，可将技术能手分为不同等级：中华技能大赛获奖者、全国技术能手、省（部）技术能手、市（州）技术能手（或行业技术能手）、县（市、区）技术能手。

路径三：技能竞赛——岗位成才的"直通车"

搭乘竞赛快车直通岗位成才，学习技术，熟练地掌握技能，积极参加各类技能竞赛，了解技能竞赛的种类、规程及奖励政策。

路径四：终身学习——岗位成才的"加油站"

终身学习促进职业生涯可持续全面发展。了解和掌握在职学习的类型和具体形式，做到"活到老，学到老"。

（六）学以致用

根据自己的职业意向、职业兴趣，分析你取得相关资格证书的优势和劣势，对自身前景作出分析。

职业意向	优 势	劣 势	前 景	风 险

活动建议：请学生结合自身实际，先要认识自我，然后认识职业，继而选择路径和方法。须弄清楚三个问题：我想做什么，我适合做什么，环境允许我做什么。

二、争创一流

【活动设计】

（一）角色引入

课前布置学生通过各类媒体，搜集各级劳动模范的事例，尽可能收集多种类型的事例，并总结他们取得一流业绩的原因。

教师引题：争创一流是一种积极奋发的精神风貌，是一种凝心聚力的目标追求，可以内化为每个人的工作动力之源。它要求工作做到最好，追求极致。榜样的力量是无穷的。劳动模范是民族的精英、人民的楷模。当前，各行各业各单位涌现出的劳动模范就是争创一流的典范，也是我们学习的榜样和目标。

活动建议：教师提前布置任务，让学生有充分的时间搜集事例，并提示学生尽量寻找身边模范人物的事例，尽可能收集多种类型的案例，进行初步思考。

（二）兴趣探索

教师提前准备一副扑克牌，打乱洗牌，请同学们抽取，抽到不同花色A的四个人，站到中间，不能说话，通过肢体动作，传递和交换信息，找到与自己花色相同的组员同伴，组成小组。每个小组进行分工，选出1个组长、1个记录员、1个报告员。教师提前准备好标签供小组抽取，以案例题目为标签内容。

1. 小组讨论

讨论的话题：

（1）劳动模范的身上，你认为有哪些值得学习的优良品质？

（2）生活中，我们如何培养一种积极的心态？

小组讨论建议：教师引导小组内学生积极参与讨论，说说案例中劳动模范有哪些值得学习的品质？写出案例中人物给大家印象最深刻的关键词，由各小组报告员报告小组讨论结果。每个小组充分发表意见后，对关键词进行讨论、归类，并形成讨论的结果。

2. 分享小组成果

在教师组织的集中展示课上，各组派代表陈述小组讨论的结果，师生讨论，并将达成共识的结论记录在黑板或大白纸上。

分享活动建议：每组在分享本组讨论结果前，先简要复述本组案例的内容，以便其他组了解，然后以多种方式呈现讨论的成果。其他组成员可以表明自己的意见，补充更多的关键词，完善讨论的成果。

（三）领悟体验

教师结合案例，对列出的关键词进行梳理、归纳和补充，引导学生思考案例中的人物取得一流业绩的相同点，提炼出他们具有的积极工作心态。总结为：十种积极的心态可以帮助我们达成目标。

在工作中，促使我们取得成功的十种积极心态。

执着：对个人、企业和团队目标、价值观坚定不移的信念。

挑战：能挺身而出，积极地迎接变化和新的任务。

热情：对自己的工作以及公司的产品、服务、品牌、形象有着强烈的感情与浓厚的兴趣。

奉献：全心全意地完成工作或处理事务。

激情：对未来充满激情和希望，对现在全力以赴地投入。

愉快：心情舒畅并乐于分享成功。

爱心：助人为乐，抱着感恩的心态。

自豪：为自身价值的实现或团队取得的成绩而感到荣耀。

渴望：强烈的成功欲望。

信赖：信任他人。

（四）讨论分享

1. 分享的话题

（1）通过阅读劳动模范的事迹，谈谈争创一流劳模精神的内涵。

（2）结合实际，谈谈怎样才能在工作中争创一流的业绩。

活动建议：按照先前的分组，每个组在大白纸上尽可能多地写出自己听说、知道、了解的争创一流的相关信息。然后将各组所列信息进行汇总、分类，整理出你所知道的劳动模范有哪些值得学习的品质。

2. 现场小调查

对各组的认识进行调查统计，按照程度进行排序，作出统计分析，看看学生对争创一流内涵的认知有哪些异同。

争创一流的内涵要点	重要、次要或一般	赞成人数	反对人数
确立高标准			
拓宽视野			
追求最优			
积极的心态			
有进取心			
有自信心			

（五）评价拓展

争创一流，是劳动模范给自己的人生定位，他们在各自的工作岗位上创造一流的工艺、一流的质量、一流的管理、一流的服务，充分焕发创新潜能和创造活力。

内涵之一：争创一流就要确立高标准

争创一流事业发展的上游目标、内在动力，是做好工作的前提。只有工作标准高，工作质量才能高。即使遇到困难和难题，也能突破思维的惰性与障碍，发挥主观能动性去想办法克服、解决。争创一流，就是在高起点上继续求高，在新起点上继续求新。

内涵之二：争创一流就要拓宽视野

创造一流的工作业绩，就要具备宽广的视野。不能局限于本职工作岗位，不能局限于自己的原有状态，要勇于走在前列，要有长远的眼光和开放的思维，在更大范围、更高层次上找座次、定坐标。

内涵之三：争创一流就要追求最优

雄鹰不甘宇下，骏马难守圈栏。一个志存高远的人，必定将追求最优作为自己的人生目标，从而不断增强争创一流的意识，并将其落到实际工作中。追求最优，需要坚持，成功需要量变到质变的积淀；追求最优，需要创造性思维，保持自身思维的独立性和前瞻性；追求最优，需要充满激情，积极主动地工作、学习、生活。

内涵之四：争创一流就要有积极的心态

积极的心态就是面对问题、困难、挫折、挑战和责任时，从积极向上的一面去想，从可能成功的一面去想，主动采取行动，努力达成目标。具有积极心态的人总是怀有较高的目标，并能为之不断奋斗。

内涵之五：争创一流就要有进取心

进取心就是不满足于现状，坚持不懈地向新的目标追求的心理状态。一个没有进取心的人，往往自我束缚、自我埋没，很难取得成功。有进取心的人，一般有理想、有志气，积极肯干，不怕困难，不安于现状，总希望更高、更好、更完美，找准自己的定位，并为追求心中完美的目标而努力。

内涵之六：争创一流就要有自信心

自信，是一种心态，是一种战胜自我的决心和必胜的信念。我们要相信自己为达到目标所具备的能力，敢于说："我自信，我能行，我拼搏，我出色，我成功。"学会自信，就要越过大脑中的"限制"，相信自己能行，经常暗示自己是优秀的。暗示是一种神奇的力量，自信则是最好的自我暗示。

（六）学以致用

针对你所选择的劳动模范人物事迹，以"争创一流的精神"为主题，设计一个文案，在校园微信公众号上发布。

听一听	争创一流的精神
职业描述	
成长历程	
成功精神	
说一说	
评一评	

活动建议：先对设计思路作一整体考虑，后列出一个设计框架，再征求老师或同学的意见、建议。根据设计框架，将设计的内容要点记录下来，借助于网络平台进行作品的推送。

三、艰苦奋斗

【活动设计】

（一）角色引入

根据班级人数将学生分组，调查了解学生在现实生活中存在的畏难、浪费、不思进取等不符合艰苦奋斗要求的思想行为及表现。

活动建议：每个小组先选出1个组长、1个记录员、1个报告员。教师进行分工安排，要求学生通过百度视频、图片等搜集相关人物的资料，并制作课件汇报。

（二）兴趣探索

1. 小组讨论

每个小组通过网上查阅、报刊搜集等途径，了解中华民族艰苦奋斗的创业史及劳动模范人物的奋斗历程，准备相关典故、格言等，先独立思考，后进行小组讨论。

讨论的话题：

（1）中华民族艰苦奋斗的先进人物身上有哪些值得学习的地方？

（2）艰苦奋斗在当今社会是不是过时了？为什么？

小组讨论建议：教师先介绍讨论的方法，小组内每位同学积极参与讨论，说说先进人物给大家留下印象最深刻的地方，并进行关键词记录；各小组报告员就小组讨论结果作总结发言。每个小组充分发表意见后，对关键词进行讨论、归类，并形成讨论的结果。

2. 分享小组成果

在教师组织的集中展示课上，各组派代表陈述小组讨论的结果，并由同学将各组讨论的结果记录在黑板或大白纸上。

分享活动建议：各组可以多种方式呈现讨论的成果，由小组代表进行总结。教师鼓励其他组参与互动，发表自己的观点，完善讨论的成果。

（三）领悟体验

教师结合教学资料，通过多媒体课件呈现关键词，引导学生把握艰苦奋斗的基本内涵。总结为：艰苦奋斗精神主要体现在思想意识、精神意志、工作行为和生活态度方面。

艰苦奋斗是指为实现伟大的或既定的目标而勇于克服艰难困苦、顽强奋斗、百折不挠、自强不息、居安思危、戒奢以俭的精神和行动。艰苦奋斗精神的内在核心是不怕困难、自强不息，不屈服于艰难困苦，不懈怠于富足安逸，不满足于已有的成绩，不避讳于自己的差距，始终奋发向上、谦虚谨慎，保持一种不断进取的精神状态。

新时代赋予了艰苦奋斗新的内涵，要求我们在思想上锐意进取，在学习上永不满足，在工作上不断创新，在生活上朴实无华。

无论时代如何发展，只要人类改造自然和社会的活动不停止，艰苦奋斗精神就永不过时，并且始终值得提倡。

（四）讨论分享

1. 分享的话题

（1）为什么说艰苦是成功的必经过程？

（2）谈一谈你对"奋斗是人生不变的主题"这句话的理解。

活动建议：按照先前的分组，每个组在大白纸上尽可能多地写出自己的想法和观点。教师总结艰苦奋斗精神主要包括勤俭节约精神和自强不息精神两个方面。

2. 现场小调查

各组进行小调查：饭后，在某校食堂的饭桌上、垃圾桶里，白花花的米饭、大堆大堆的剩菜随处可见。学生挑食，一块红烧肉可能只咬一小口就扔了，一条鱼只吃一半就被"无情抛弃"。几乎每顿饭后，就餐的学生们都能制造出几大桶的剩菜剩饭。假如上述情形发生在我们学校，你会怎么想？怎么做？

（五）评价拓展

艰苦奋斗精神主要表现在以下四个方面。

在思想意识上，要树立正确的价值取向，增强不怕困难的意识，坚定克服困难的信心，培育在艰苦环境中敢于奋起、有所作为的品格。

在精神意志上，要始终保持昂扬的朝气、奋进的锐气、浩然的正气，矢志不渝、百折不挠。

在工作行为上，要始终勤奋工作、努力创新、厉行节约，吃苦在前，享受在后。

在生活态度上，要保持心态平衡，守得住清贫、耐得住寂寞、抵得住诱惑、把得住大节。

路径之一：艰苦是成功的必经过程

艰苦是指条件和环境等物质方面的艰难困苦。吃苦，是一种担当，贯穿每个人为远大目标而奋斗的全过程。成大事者起于细，都是先日积月累，再水到渠成的。只有经历了艰难困苦，才能真正树立起面对困难、克服困难的信心。不少人在物质层面上很能吃苦，但在精神层面上却吃不了苦，最终还是没能取得成功，这是因为取得成功的人需要有一颗能够承受苦难的坚强的心。成功永远属于那些愿意吃苦、勇于拼搏的人。

路径之二：奋斗是人生不变的主题

劳模成长、成才、成功的关键是奋斗。奋斗是艰苦奋斗的精髓，表现在思想上，要保持昂扬向上的斗志和拼搏进取的精神，为远大理想奋斗不息；在学习上，要刻苦钻研，勤学苦练，增强本领；在工作上，要吃苦耐劳，埋头苦干；在生活上，要艰苦朴素，勤俭节约。同时，奋斗需要有压力，奋斗需要有目标。

（六）学以致用

根据搜集的学习资料，选择一个自己喜欢的劳动模范作为自己学习效仿的榜样，并作一次关于榜样的演讲。

我选择的榜样	
我选择的理由	
向他学习，我可以做	
对于同学提出的异议，我的应对之策	

活动建议：学生结合自身实际，选出自己的职业榜样，可在小组内讨论、评选，由小组代表作出发言。

若其他同学对于发言的内容有不同意见，小组代表可以进行必要的解释或辩驳，阐发自己的理由；最后在全班公选出最佳榜样，写一个颁奖词。

四、勇于创新

【活动设计】

（一）角色引入

教师先提出一个问题：1加1等于几？学生可以回答：2、1、11、王等多种答案，教师引导出创新思维的含义——重新组织已有的知识经验，提出新的方案或程序，并创造出新的思维成果的思维活动。有的学生可能觉得这个概念有些抽象，那么就用一些形象具体的东西来解释，引发课堂讨论。

活动建议：教师要求学生通过观看多媒体、查阅相关资料，弄清楚创新思维的内涵，其间发现的问题、作出的思考留待课堂上讨论。澄清相关概念，引导学生进行深度思考。

（二）兴趣探索

1. 小组议论

班级同学通过搜集的事例，先自学创新思维的基本原则，提出相关问题，留待课堂上讨论。

讨论的话题：

（1）创新思维的基本特征有哪些？

（2）说一说，我们在生活中培养创新思维的方法有哪些？

小组讨论建议： 讨论的题目：梳子有什么作用？规则：不允许有任何批评意见，只要说出想法，无须考虑可行性。想法越奇特越好，鼓励异想天开。可以寻求各种想法进行组合和改进。能给出答案的得1分，有创意的得2分，属于奇思妙想的得3分。

给大家一分钟的时间思考。请组长进行简单的记录，小组成员按顺序回答，每次只能给出一个答案，每次思考时间不得超过10秒钟，并且答案不能重复，重复的扣1分。

2. 分享小组成果

教师将各组讨论意见集中反馈，师生互动，总结出最佳的答案。

分享活动建议： 每组在分享本组讨论结果前，先简要说明本组讨论的方法和过程，以便其他组借鉴。呈现小组成果时，允许其他小组对本小组结论作出补充，结论越完善越好。

（三）领悟体验

教师根据小组讨论的成果与教学要点，对相关知识进行整理与补充，启发学生思考：勇于创新作为劳模精神，其内涵所在，总结为：创新思维的培养。

创新是以新思维、新发明和新描述为特征的一个概念化过程，主要有三层含义：更新；创造新的东西；改变。创新，就是要敢于突破老规矩，敢于打破旧框框，敢于接受新事物，创造性地建立新机制、确定新思路、采取新方法、取得新成绩。

培养创新思维的方法主要有：努力培养兴趣；敢于突破常规；具有坚定的意志；自信自强、不怕失败、知难而进、勇于吃苦；注意思想积累、知识积累、生活积累、材料积累。

工作中，每个人都要认识到不能满足于对既有工作的简单重复，而要努力探索新的方法，不断去尝试，才能有所创新、有所贡献。

（四）讨论分享

1. 分享的话题

（1）说一说一线员工怎么才能在岗位上有所创新。

（2）想一想每个人在本职岗位上进行创新的动力有哪些。

活动建议： 按照学生的学号排序，采用抽号方式进行提问；也鼓励学生自愿回答问题，将答案记录在学习平台上。

2. 完成课堂接龙

学生写出自己对立足岗位开展创新的看法或者想法，其他同学进行接龙，越多越好，但是要注意从不同的角度表达观点，最后由教师点评。

（五）评价拓展

其一，人是创新的主体

创新是一种精神。人人都可以创新，因为创新并不神秘，很多创意非凡的思路往往源于凡人、凡事、凡物。职工是企业创新的主体。企业在进行创新活动的过程中，不仅要依靠科技工作者的研究探索，而且要依靠广大职工在本职岗位上的创新发明。只有充分尊重和发挥广大职工的自主创新能力，才能在企业中形成创新合力。

其二，岗位是创新的主阵地

岗位创新，不分你我。只要职工爱岗位、肯钻研、有毅力、肯付出，同样可以进行创新。岗位创新实质是职工在本职岗位上经常性地、富有创造性地开展工作，不断总结经验，提出新问题并加以解决，提高工作质量和效率。工作岗位是职工创新的土壤，职工在工作岗位上的实践活动是创新的源泉。

其三，求新求变是创新的原动力

一线职工最便利的创新途径就是立足本职岗位不断尝试，改善工作方法，创新工作成果，可以为提高工作效率而创新，可以为提高产品精度而创新，可以为排除故障解决问题而创新，也可以为减轻劳动强度而创新。

（六）学以致用

根据表格内容填写，每项用一句话概括。

序号	劳动模范	绝技绝活	创新精神
1			
2			
3			
……	……		

活动建议：请学生结合表格中的劳动模范人物事迹，提炼或者直接引用1~2句劳动模范的话，每句话一般不超过20个字。通过班级讨论，选出你认为最好的一句，并写出来，作为自己的座右铭。

五、淡泊名利

【活动设计】

（一）角色引入

根据学生课前收集的劳动模范事迹（每人只限一个案例），教师或者学生代表将案例诵读一遍，将班级学生分成若干组，抽签选取一个案例进行讨论。

活动建议：教师提前选好组长，准备好标签供每个小组抽取，以案例题目为标签内容。教师根据案例内容事先设计好1~2个待讨论的问题，写在标签上面。男生、女生可以交叉同组，也可以按性别分组。

（二）兴趣探索

1. 小组讨论

由小组长朗读本组所选案例及问题。小组成员进行案例分析，提出相关问题，师生互动讨论。

讨论的话题：

（1）我们应怎样正确认识欲望的两面性？

（2）在生活中，怎样才能达到淡泊名利的境界？

小组讨论建议：教师先介绍案例分析的步骤，在组长进行案例朗读时即指出问题所在，小组成员对于关键词作出记录；然后小组讨论；最后各小组确定解决办法及知识要点，并推选出代表，向班级所有学生报告小组讨论结果。每个学生针对讨论的话题，表达自己的观点时，可以阅读材料的相应内容为依据，提出不同建议。

2. 分享小组成果

教师组织学生边分享边讨论，同时将各组讨论结果记录在黑板（投影仪）或活页挂纸上。

分享活动建议：各组在进行小组讨论时，对于小组成员提出的观点和解决问题的办法,其他组员不作任何评论。每组代表在分享本组讨论结果前,先简要复述本组所选择的事例与观点,然后总结呈现小组讨论的成果。教师简述该小组的案例内容,以便其他组更好地了解,最后鼓励大家自由地提出建议。

(三)领悟体验

教师根据小组讨论的成果与教学要点,对相关知识进行整理与补充,启发学生思考:淡泊名利与欲望之间的关系是什么?淡泊名利的基本内涵是什么?等等。总结为:合理控制欲望。

淡泊名利是指人们对正向欲望有着清晰的定位——"跳一跳才能摘得到",并且用奉献精神和有效行动来抵御利益的诱惑,始终牢记最初的目标,合理控制自己的欲望。欲望,人皆有之。合理的欲望是事业发展、人类进步的力量之源。人们因欲望的满足而快乐,因欲望的不满而痛苦。人的需求和欲望应是合理、适度的,是靠道德、法律的标尺来规范和约束的。凡事要有度,欲望过大,必然导致欲壑难填,终至纵欲成灾。要做到淡泊名利,就要"修剪"杂念私欲,将欲望"去粗存精",让积极健康、奋发向上的欲望,推动自己脚踏实地、气定神闲地向成功的目标迈进。

学会控制欲望,须做到以下几点:一是把握欲望的度。在各种诱惑面前,始终保持高尚的道德情操,将欲望控制在法律制度、道德允许的范围之内。牢记五个"管住",即管住自己的嘴、管住自己的眼、管住自己的耳、管住自己的手、管住自己的腿。二是提高幸福的程度。美国经济学家保罗·萨尔森曾经研究出"幸福公式",即幸福=效用/欲望。只要降低欲望,幸福感就可以得到相应提升,也就是我们常说的"知足常乐"。

(四)讨论分享

1. 分享的话题

(1)说一说淡泊名利对我们职业生涯发展的意义。

(2)结合实际,想一想我们身边有哪些淡泊名利的榜样。

活动建议:按照学生的学号排序,采用抽号方式进行提问;也鼓励学生自愿回答问题,将答案记录在学习平台上。同时,思考现代社会对淡泊名利有哪些新的要求?

2. 完成你的博客

学生打开手机博客,写下对淡泊名利的看法或者想法,教师进行适当点评。

（五）评价拓展

学习劳动模范，就是要学习他们淡泊以明志、宁静而致远的优秀品格，把为理想而奋斗当作人生快乐的源泉，用高尚的理想和情操充实自己的精神世界，努力去实现人生价值。

意义之一：淡泊名利才能享受真正的快乐

在价值观多元化的今天，人们的观念易受拜金主义、享乐主义等腐朽思想的影响，一些人的价值观甚至被扭曲，认为只有获得名誉、金钱和地位才是有能力的象征，否则就是无能的表现。其实，在物欲横流的现实生活中保持一颗平常心，才能享受真正的快乐，才不会沦为名利的奴隶。

意义之二：淡泊名利才能获得真正的成功

在名利面前，我们只有提高警惕，始终保持清醒，才能真正获得成功。只有舍弃功利思想，以平常之心对待"名"，以淡泊之心对待"位"，以知足之心对待"利"，以敬畏之心对待"权"，以负责之心对待"事"，才能一心去做事、做好事、做成事。

（六）学以致用

根据学习资料和课堂讲解，请以"我眼中的名与利"为主题，拟定一篇2分钟的微型演讲稿，字数控制在300字左右；在教师的组织下，可以上讲台演讲，也可以将自己的演讲稿发布到微信公众号或校园网等公众平台上。

___

___

___

___

活动建议：学生可以独立完成，也可以小组讨论，主要陈述"名"与"利"的辩证关系。注意演讲稿要做到观点鲜明、意蕴深刻、条理清楚，有一定的说服力和感染力。

六、甘于奉献

【活动设计】

（一）角色引入

观看"抗疫"视频，看完后请学生分组说出自己的感受，开展课堂讨论。教师重点讲述：2020年春节期间，新型冠状病毒袭击武汉，随后在全国蔓延。面对疫情，不仅医护人员在战斗，全中国人民都在战斗。疫情之下各个行业、各个年龄段的人都在奉献自己的一份力量。

活动建议：教师要求学生通过课前观看教学视频，阅读相关资料，或者网上查资料，弄懂奉献的含义。启发学生思考自己能为社会做些什么，自己感受到什么？若干年后，能否在祖国需要的时候贡献自己的力量，激发学生进行深度思考。

（二）兴趣探索

1. 小组讨论

将班级学生分成3~4个学习小组，每组搜集1~2个劳动模范人物的事迹，围绕"奉献"这一主题，展开课堂讨论。

讨论的话题：

（1）作为新时代的学子，我们该如何学会担当？

（2）想一想，生活中我们应如何为社会贡献自己的力量？

小组讨论建议：教师可先介绍讨论的方法，小组内每位学生都要积极参与讨论，小组长作好关键词语的记录；最后由各小组推荐代表就小组讨论结果作总结发言。针对讨论的话题，每位同学可以提出不同的建议或观点。利用QQ学习群、微信群等对每个同学（每组）发表的意见作出记录，最后形成讨论成果。

2. 分享小组成果

教师对各组讨论意见进行集中反馈，利用电子邮件平台作出点评，选出最优的观点或者建议，在班级加以分享。

分享活动建议：每组在分享本组讨论结果前，先简要复述本组所选事例与观点，以便其他组更好地了解，然后总结呈现小组讨论的成果。其他组可以互动，表明

自己的意见,教师进行点评。

(三)领悟体验

教师根据小组讨论的成果与教学资料的关键信息,整理甘于奉献的内涵,启发学生思考:甘于奉献的内涵是什么?奉献与索取之间的关系是什么?等等。总结为:甘于奉献的基本内涵是奉献精神。

甘于奉献是指为了维护国家利益、社会集体利益或他人利益,个人能够自觉地让渡、舍弃自身利益,不计回报地服务。甘于奉献是一种高尚的品格。广大劳动模范就是在奉献中实现自我价值,在实现自我价值中作出奉献的。要向劳模们学习,将奉献作为自己的人生信条,自觉规范自己的思想和行为。

(四)讨论分享

1. 分享的话题

(1)说一说,奉献精神在现代社会有什么现实意义?

(2)作为职业院校的学生,我们怎么理解甘于奉献这一高尚品质?

活动建议:按照学生的学号排序,采取抽号方式进行提问;也鼓励学生自愿回答。安排专人负责记录学生的答案或者关键词。

2. 课堂研讨

教师用多媒体课件展示问题,让学生现场回答,利用学习通等学习平台进行统计,教师适当加以点评。

(五)评价拓展

一个人的价值不在于他索取多少,也不在于他活了多久,而在于他奉献了多少。如果他做的事越有益,付出的劳动越多,他的人生就会越有意义,他从劳动中品味的幸福和快乐就会越多。在现代社会,讲奉献精神首先要解决好为谁奉献、科学奉献和回报奉献三个问题。

问题之一:为谁奉献是奉献精神的根本问题

把人民群众的利益作为想问题、办事情的出发点和落脚点,才是奉献精神的价值所在。

问题之二：科学奉献是对奉献精神的超越

科学奉献讲究在奉献行动中贯彻求真务实的精神，在遵循规律的前提下，科学地认识奉献的本质及意义，实现奉献精神与科学精神的结合，动机与效果的统一。

问题之三：回报奉献是对奉献精神的肯定

回报奉献，要求受益者响应奉献者，尊敬、推崇乃至以物质回报奉献者。这是社会弘扬奉献精神的需要，也是奉献者实现人生价值的需要，更是奉献者生存与发展的需要。

在本职岗位上恪尽职守，持之以恒，埋头苦干，就是一种奉献。奉献不在于多或少、大或小，每个人能力各异，但是只要甘于奉献，都能够为国家和人民作出贡献。同时，要正确处理个人利益、集体利益和国家利益的关系。当个人利益同国家利益、集体利益发生冲突的时候，个人利益应服从于国家利益和集体利益。

奉献是一种美德，是推动社会发展的基石。我们要向劳模学习，做到在生活中、在职业中全方位地奉献。

路径之一：在生活中奉献

每个人都需要承担一定的社会责任，认真履行这些责任是奉献的基础。在生活中奉献，就是指要承担作为社会人的职责，坚守自己做人的基本信念和良知、尊严，这实际上也是一种爱的奉献。

路径之二：在职业中奉献

在职业中奉献就是爱岗敬业。敬业是奉献的基础，乐业是奉献的前提，勤业是奉献的根本。对绝大多数人来说，奉献就是日复一日、年复一年地在本职岗位上敬业，干一行，爱一行，专一行，成一行。

如果一个人始终坚守在一个岗位上，兢兢业业、任劳任怨，不计得失、不谋私利，那就是职业奉献精神。

（六）学以致用

学生根据教学内容，结合对奉献精神的理解，就教师提出的问题进行分析，给出自己的答案。

观点1　我们讲究奉献是不是不要索取？奉献与索取之间的关系是什么？

理由：

观点2 生活中，我应为甘于奉献做怎样的思想准备？
理由：_____
_____

观点3 谈谈身边的劳动模范人物勇于奉献的事迹给我们的启示。
理由：_____
_____

教师所提出的问题并不局限于上述三方面，请学生记录有关奉献精神的其他问题和回答要点。

_____
_____
_____

活动建议：教师提前备好课，就学生在课堂上可能提出的疑问作好解答准备。鼓励学生提出新问题，师生互动交流，以获得更多的启示。

【学习资源包】

如何做到爱岗敬业

问题一：缘何爱岗

爱岗是一种良好的职业情怀，是一种积极的职业实践体验。爱岗是对待本职工作一种热爱情绪和高度负责的工作态度。爱岗就是热爱自己的本职工作，忠于职守，对本职工作尽心尽力。热爱本职工作，就是以正确的态度对待各种职业劳动，努力培养对自己所从事工作的幸福感、成就感和荣誉感。

爱岗的功能。

一是显性功能。对一种职业是否热爱，首先是对职业的兴趣问题。有兴趣就容易产生爱的感情，没有兴趣就谈不上爱，但是每一个岗位都要有人去做。在日常工作中真正做到爱岗担责，乐于奉献，不但能在工作中找到存在感和成就感，还能提升自己的从业技能和工作效能。

二是隐性功能。社会是由千万个行业组成的有机整体，每个行业都是这个整体中必不可少的一部分，行业本身无贵贱之分，只要真心热爱它，就一定能发挥最大的潜能。一个人一旦爱上自己的职业，就能全身心地投入职业工作中，就能在平凡的岗位上做出不平凡的事业。

爱岗的现实意义：

首先，爱岗是出色履职的内在需要。一个人的生存和发展，需要一定的环境空间和展示平台。职业的基础功能是谋生，一份职业，一个工作岗位，就是一个人赖以生存和发展的基础性环境空间与展示平台。对待自己的本职工作都应该加倍珍惜、尽力热爱，否则，就无法很好地完成预期目标，甚至会被淘汰出局。

其次，爱岗是实现人生价值的根本要求。每个人在这个世界上，不仅需要生存下去，还需要通过努力获得他人和社会的尊重与认同，实现自己的人生价值和社会价值。只有爱岗，才能对本职工作认真负责，精益求精；只有爱岗，才能激励自己不断学习，不断进步；只有爱岗，才能积极面对自身的责任和义务，出色履职，有所作为。

再次，爱岗是社会发展的现实要求。随着我国经济社会持续快速、高质量发展，对职业人提出了更高的要求。职业技能通常要经过相当长时间的学习以及一定的实践活动才能得到提升。只有具有强烈的爱岗之心，才能不断催生学习的自觉性，努力学习新知识、新技能、新工艺，与时俱进，成为行家里手，从而更好地适应时代和社会发展的需要。

问题二：怎样敬业

"爱岗"与"敬业"是辩证统一的关系。"爱岗"是"敬业"的外在表现，是"敬业"的基础条件和前提，"敬业"则是"爱岗"的内在支撑力量，为"爱岗"提供原动力。

敬业的方式：敬业需要从眼前的岗位和工作做起，达到从"敬"到"爱"。"敬业"，就是"专心致志以事其业"，即用一种极度负责的态度对待自己的工作，严肃认真、精益求精、尽职尽责。爱岗是敬业的前提，敬业是爱岗情感的进一步升华，是对职业责任、职业荣誉的深刻认识。它主要有三种方式：乐业、勤业、精业。

敬业的实践要求：

第一，要有"螺丝钉"的奉献精神。"做一颗永不生锈的螺丝钉，拧在哪里就在哪里发光"，这是雷锋同志的一句格言。社会中的每个人，不管身处哪个岗位，只要热爱自己的岗位，勤奋工作，忠于职守，就可以在本职岗位上实现自己的人生价值。提倡爱岗敬业，热爱本职工作，并不是要求人们终生只能干"一"行，爱"一"行，而是选定一行爱一行。脚踏实地，勤勤恳恳，从一点一滴做起，认真负责，尽心尽力的人，都可以成为"劳动模范"，都有其存在的价值和意义。

第二，要有"主人翁"的责任意识。"责任胜于能力，没有做不好的工作"。当

然，责任胜于能力，并不是对能力的否定。一个只有责任感而无能力的人，是无用之人。而责任需要用业绩来证明，业绩是靠能力去创造的。责任体现忠诚。忠诚是职业的一种责任感，是对所从事职业的敬业精神。工作意味着责任，工作呼唤责任，只有把工作当作自己的事来做，把每一件小事、每一个细节都做到尽善尽美，才能在平凡的工作岗位上创造出不平凡的业绩。

第三，要有"金刚钻"的精湛技能。打铁必须自身硬。没有金刚钻，不揽瓷器活。努力提高自己的职业技能是爱岗敬业的首要条件，没有相应的职业技能，就不可能履行自己的职业责任。无论身处哪个工作岗位，都必须有扎实的业务知识和专业技能，才能成为业务骨干，才能更好地实现自己的职业理想。

第四，要有"小天才"的创新效能。如果工作仅仅满足于墨守成规、按部就班，满足于机械式劳动，满足于加班加点，那仅是低层次的履职。要想出色地履职，除了具有奉献精神、责任意识、踏实作风和扎实技能，还需要养成勤于思考的习惯，增强工作主动性，创造性地开展工作，不断总结和完善。同时，要树立更高的职业理想，不断提高工作效率，逐步积累处理问题的经验，提升工作能力和业务素质，追求卓越，争创一流。

这十年　奋斗在路上之全国劳模

"我大半辈子都在架桥修路，既'建证'了一个个天堑变为通途，也见证了祖国走向繁荣富强的历程，更是其中的受益者。"中铁四局二公司机械分公司阜阳维修车间的负责人裴维勇又一次翻出手机里珍藏多年的照片感慨道。

已为祖国的交通建设事业奋斗了37年的裴维勇，曾在全国36个工地待过，参与了京九、武广、太中银、涪秀等25项国家重点工程的建设，历经机械操作手、测量工、吊车司机、机械维修等岗位。在时间的洗礼下，裴维勇已是中铁四局的高级技师、"裴维勇劳模创新工作室"带头人，更在2020年被评为"全国劳动模范"。

"在问号中找到答案"

2015年10月，裴维勇从贵州调来重庆涪陵，负责该公司承建标段的搅拌站建设及混凝土生产、运输、喷淋等工作。为了实现"在春节前完成管段内8座搅拌站建设任务"的目标，裴维勇在施工现场待了整整一个月。没有自来水、吃不上热乎饭，他和工友们喝凉水、啃干粮；山路陡、不通车，他和工人们"白"加"黑"24小时连轴转……经过一番鏖战，裴维勇等人提前10天完成了全部搅拌站的建设任务，并一次性通过验收。首个难题解决后，裴维勇又面临了新的难题——该项目新白沙沱隧道施工使用的湿喷机经常"堵管"，影响工程进度。作为项目上的"机械良医"，寻找破解之法当仁不让地落在了他的身上。为了解决这一难题，裴维勇没日没夜地与机器作"斗争"。"喷嘴孔太小了？操作有问题？"随着脑子里无数个问号——化为"句号"，裴维勇也找到了答案：调整河沙、水泥的混合比例。

"多问几个为什么"的破题方式，让裴维勇自2012年以来，对搅拌站和各类施工设备进行了百余项的改革创新，加上国家大力弘扬劳动精神、劳模精神和工匠精神，裴维勇一次次地站在了"聚光灯"下。2019年9月，裴维勇被国资委授予中央企业"劳动模范"荣誉称号，2020年又被评为"全国劳动模范"。"新时代让我们被'看见'，我们必须与新时代同频共振。"2020年，裴维勇走进人民大会堂接受表彰时，在朋友圈写下了这样一段话。

"什么机器我们都能操作好"

1985年，17岁的裴维勇带着父亲的嘱托和鞭策来到中铁四局二处架子起重班。自此，他与山川河流的修路架桥结下不解之缘。

裴维勇从小就对机械有着浓厚的兴趣，在父亲的影响下，他迅速从一名机械操作学徒，成长为"老师傅"，也对未来发展有了清晰的目标。

2014年以后，随着我国基建行业新一轮现代化改造升级，大量信息化、智能化装备应用到工程建设中，年近半百的裴维勇也面临知识和技能迭代的考验。此时，裴维勇正担任织（金）毕（节）铁路搅拌站站长。"传统的搅拌设备主要靠人的操作经验，现代化的搅拌站已实现全过程的信息化管理，是一次管理方式的巨大跨越。"与搅拌设备打了十几年交道的裴维勇感到从未有过的压力。

面对知识鸿沟，裴维勇全身心扑到知识更新上，他常说，"人家能将这个机械发明出来，咱们就能把它操作好，操作机械能比发明还难吗？"得益于对机械的热爱和发扬刻苦钻研的"钉子精神"，裴维勇很快就系统掌握了搅拌站信息化运行的原理，同时，他不但能够循着原理减少和避免设备报警次数，还带领其他管理人员对信息化条件下搅拌设备的相应部位进行优化改造。

把"课堂"搬到工地

进入新时代，随着个人年龄的增长，如何为国家培养更多的"能工巧匠"成了裴维勇必须解答的新课题。2017年3月，中铁四局二公司成立了"裴维勇劳模创新工作室"，一方面进一步发挥裴维勇在创新创效中的研发优势，另一方面也为了传承弘扬坚守奉献的工匠精神。"从今天开始，我给你制定作息时间，按照我的要求学习、上岗、休息。"这是在涪秀二线项目上，裴维勇对徒弟郭俊说的。其他徒弟一个月时间就能独立上岗，但有些贪玩的郭俊迟迟不能掌握操作要领。裴维勇看在眼里，急在心里。为了让他尽快熟悉岗位，每天下班后，裴维勇要单独抽出一个小时，陪郭俊学习专业知识，两个月后，郭俊顺利出师。

在带徒弟的过程中，裴维勇总是把"要树立远大目标，不要给单位丢人，更不能丢自己的人"挂在嘴边。与此同时，裴维勇还将"课堂"搬到施工现场。针对部分电工在电气方面存在的薄弱环节，他和工作室成员制定了专项课程，采用理论讲解、实物操作与动画演示相结合的现场培训方式，员工更加易学易懂。截至目前，裴维勇通过劳模创新工作室平台，为企业培养了30余名青年技师和高技能人才，不少徒弟在重点工程担任项目总工程师、工程部部长等重要职务。2019年7月，"裴维勇劳模创新工作室"被中国中铁工会授予"五星级劳模创新工作室"。

学习资源包和案例分析

看着身边的同事、徒弟，不断走向更高岗位，国家基建事业人才济济，裴维勇由衷感到满足。

任务三 弘扬新时代工匠精神

【学习目标】

（1）理解坚守执着的深刻内涵，掌握坚守执着的表现形式。

（2）理解精益求精的含义，领悟精益求精的深刻意义；培养精细的理念，形成精益求精的态度，学会精益求精的具体途径并自觉践行。

（3）了解专业和专注的含义，理解专业与专注两者之间的关系，明确专业、专注的基本表现形式。

（4）了解追求极致的本质内涵，理解追求极致的主要表现；明确"创无止境"和"不断突破"的基本要求，掌握追求极致的具体途径。

（5）领悟一丝不苟的本质内涵，理解一丝不苟基本表现的两个方面，明白"一丝不苟"的重要性。

（6）知晓自律自省的内涵，领会自律自省的重要意义；树立正确的职业价值观，领悟"淡泊宁静"和"忠诚无私"的精神，保持良好的职业态度。

【学法指导】

主题演讲法；案例分析法；小组讨论法；头脑风暴法；游戏体验。

【建议学时】

6学时

一、坚守执着

【活动设计】

（一）角色引入

将全班学生平均分成4~5组，各小组选派一个代表围绕"坚守执着，彰显工匠精神"进行主题演讲，在班级范围内评比、交流，产生思想情感的共鸣。

活动建议：前期做好准备工作，提前将课前预习内容和演讲的主题提供给各小组。根据主题需要，学生以小组为单位搜集整理材料，准备好演讲的内容。围绕"坚守执着，彰显工匠精神"这一主题，各小组可以自拟演讲题目，不要偏题即可。

课前各小组先进行组内评比，选出各自的发言代表，上课时在全班范围内进行演讲，在明确主题和要求的前提下，教师给予适当指导，如学生在表达自己感悟时，要紧扣主题，避免泛泛而谈。

各小组选派一名代表担任评委打分，对演讲作出评价。（演讲内容20分；仪容仪表20分；肢体动作20分；语言表达20分；整体感觉20分）

（二）兴趣探索

1. 小组讨论

阅读二维码（见76页）中的案例，先独立阅读、思考，然后进行小组讨论，全班交流。

讨论的话题：

（1）二维码中的案例对你有什么启发？结合人物事迹，谈谈你对坚守执着的理解。

（2）分析案例中人物的坚守执着体现在哪些具体方面？

小组讨论建议：小组内每位学生都要积极参与讨论，小组成员先就案例中人物的哪些事迹是最让自己感动的，以及最能体现坚守执着的问题进行讨论。小组交流时，每位组员都可以自由表达自己的想法，然后由小组代表在全班范围内分享小组感悟。教师对学生的讨论加以指导，要求学生有针对性地选取案例中的相应内容，紧扣主题，把握关键词，注意联系人物的感人事迹，让学生产生情感上的共鸣，避免泛泛而谈，以保证讨论的质量。

2. 分享小组成果

由每组代表陈述本组讨论的成果，并将讨论成果记录在黑板上。

分享活动建议：先在小组内部分享本组的讨论成果，允许组员之间互动，鼓励小组成员表达不同的看法，完善各组的讨论成果，比一比哪组概括得更准确、更简练。

全班交流学习心得，就是进一步去感悟，把不同小组的观点结合起来，真正理解、领会坚守执着的内涵与意义。

（三）领悟体验

教师对各组观点进行归纳，引导学生掌握坚守执着的内涵是什么，理解这些先进人物、优秀工匠为什么都能坚守执着于自己的工作和事业。总结为：坚守执着是一个人的本分。

坚守执着是从业者的本分，是一把能够改变自己命运的钥匙。坚守初心，专注于自己熟悉的领域，在自己的岗位上精耕细作，用恪尽职守的责任和锲而不舍的态度来应对各种困难和挑战，就能耐得住寂寞和孤独，最终走向成功。

两个关键词：恪尽职守　锲而不舍

恪尽职守：指谨慎、认真、负责地做好本职工作，细心、耐心地守住职位或岗位。

锲而不舍：指干好一件事情要有恒心、有毅力，遇到再大的苦难，决不放弃。

（四）讨论分享

1. 分享的话题

（1）面对现在的学习和生活，以及即将从事的职业，你会怎么做？你能做到恪尽职守、锲而不舍吗？如果做不到又是因为什么呢？

（2）谈一谈有哪些方法可以让我们在平凡的工作岗位上坚守执着。

活动建议：每位学生根据坚守执着的具体表现，写出自己能做到的和不能做到的、做得好的与做得不足的方面。各小组对照二维码（见76页）和学习资源包中的人物案例，找出他们恪尽职守、锲而不舍的做法，尽可能多地整理坚守执着的具体途径，再比比看哪个小组找得准、找得多，大家所写途径是否一致，再把各组所列的做法进行集中汇总，全班交流。

2. 头脑风暴现场

每位学生根据自己的职业理想，尽可多地写出长远的、近期的职业发展目标，列出备选方案。

尝试运用职业生涯发展目标决策分析程序表，从众多目标中聚焦于一个自己的职业目标。

姓名			性别		所学专业		班级	
预测			衡量标准的制定、使用					比较
列出备选方案	分析达到可能	缩小备选范围	与个性匹配	与环境适应	与现实基础符合	与变化趋势一致	对需要的满足	考量各方案	评价优选

每个学生在小组内分享自己决策的过程，说明放弃了哪些目标，并说出放弃的原因，聚焦于哪一个目标，并说出聚焦于该目标的原因。听取其他同学意见，反思自己的决策有无疏漏，如果漏洞较大，必须及时作出调整。

各小组派一名代表进行课堂交流，说出自己所聚焦的目标以及自己的决策过程。学生代表讲清楚这个目标是什么，为什么要聚焦这个目标。

（五）评价拓展

怎样才能坚守执着于平凡的工作岗位？必须有明确的职业理想，聚焦一个目标，热爱工作，对岗位有职责，坚持不懈地努力。

方法一：聚焦、聚焦、再聚焦

把精力集中于一个目标上，甚至一生只做一件事。如果一个人用百分之一的精力，去应对九十九个目标，那么注定一事无成；如果一个人用百分之五十的精力去应对十个目标，那么只能成为一个普通的人。一个人只有用百分之九十九的精力，去追求一个目标，才会取得非凡的成绩。当你将自己的精力、能力、时间等资源聚焦到一处，集中于一点，精修一门技艺，你就能成为岗位上的能手，行业里的高手。

方法二：热爱、热爱、再热爱

所有的坚守执着都源于对工作和事业的热爱。培养浓厚的职业兴趣，深入了解自己所学的专业，学好专业课，在学习中感受取得成功的快乐；参加实践活动，在专业岗位上付出努力，从成功中获得喜悦；搜集自己专业对应职业群的相关信息，关注即将从事职业的现状和发展；了解本行业成功人士的事迹。只有满怀对职业的热爱和热情，才能积极面对任何问题和困难，实现自己的价值。

方法三：责任、责任、负责任

培养敢于担当的宝贵品质，强烈的责任感会让人自动自发、尽心履行自己的职责。勇于挑起重担，敢于承担责任，不推诿不躲避，才能克服困难，走向成功。无论从事什么工作，都要认真履行职责。从现在起，培养责任感，增强勇于担当的意识。

方法四：坚持、坚持、再坚持

在确立自己的职业理想和目标后，有的人成功了，有的人最后却放弃了，理想的实现其实没有我们想象的那么困难，关键在于能不能坚持理想，坚持为理想而努力。一分耕耘、一分收获，坚持自我，百折不挠，锲而不舍，前进的道路哪怕再漫长、痛苦和曲折，坚持到底就一定能取得成功。

（六）学以致用

教师指导学生根据学习情况，总结本节课学习的内容，让学生参与课堂总结，采用填写图表的方式完成小结。学生先独立完成，组内交流，然后每个小组推荐一名代表，对本课的学习情况进行评价。

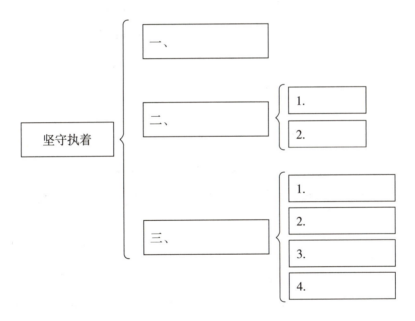

活动建议：学生结合自身实际，对本节课学习的内容进行总结，突出教学重点和难点，并在大白纸或黑板上作好记录，以巩固知识，提高课堂学习效果。先在小组内完成，再在班级内交流，全班同学互相评价。

（填充内容参考：一、坚守执着的本质要义；二、坚守执着的基本表现：1.恪尽职守，2.锲而不舍；三、坚守执着的具体方法：1.聚焦一个目标，2.培养职业情感，3.敢于担当责任，4.坚持积蓄能量）

二、精益求精

【活动设计】

（一）角色引入

组织开展"勤学苦练 精益求精"主题征文活动，由活动中获奖的学生在全班有感情地朗读自己的获奖作文，全体师生一起感受、领悟和交流。

活动建议： 课前完成"勤学苦练 精益求精"主题征文活动的布置和评选等工作，根据班级实际人数，按照10%的获奖比例，设置一、二、三等奖，评选出优秀作文，再从以上获奖的文章中抽取4~6篇作为诵读材料。

课堂上让获奖学生本人进行朗读，每篇文章诵读结束，教师及时予以点评，以保证诵读的质量。全体学生围绕"勤学苦练 精益求精"主题展开交流，畅谈体会，使每位学生都能有收获，初步理解、领会这些文章的内容和意义，激发他们进一步学习的兴趣。

（二）兴趣探索

1. 小组讨论

将全班学生平均分为若干组，6~8人一组，各小组分别阅读二维码（见76页）和学习资源包中的案例、材料。每位学生先自己独立阅读、思考，然后进行小组讨论。

讨论的话题：

（1）阅读案例中的人物事迹，你有什么感想？思考精益求精对个人的事业，企业、行业的兴旺和社会的发展有何重要意义？

（2）结合上述活动，说说精益求精的内涵是从哪些具体方面表现出来的？

小组讨论建议： 每位学生都要参与小组内部讨论，发言者尽量清晰地表达个人的观点，其他成员根据自己的认识和理解，提出自己的看法。

2. 分享小组成果

每个小组派代表发言，代表先对本组讨论情况进行总结、归纳，再将讨论的结果写在黑板上。

分享活动建议： 各小组准备一张纸，把组内讨论的结果写下来，然后小组之间互动，阐明各自的观点，补充更多的关键点，经过各组间的讨论、多方辩论，逐步统一认识。

（三）领悟体验

教师带领学生回顾课堂上诵读的文章和阅读的案例，对各小组以及全班讨论的结果进行提炼、总结、补充，启发学生思考：什么是精益求精？为什么要精益求精？精益求精的基本表现是什么？总结为：精益求精是一个人的追求。

教师结合案例，讲解精益求精的深刻内涵、重要意义和基本表现，重点关注：一个内涵、三个方面、两个表现。

一个内涵——

所谓精益求精，指人们在对工作认真负责的基础上，力求将工作完成得更出色、更完美。

三个方面——

对个人：精益求精是从业者个人的追求。

对企业：精益求精是企业兴旺发达的基础。

对社会：精益求精是社会进步发展的源泉。

两个表现——

态度上追求完美：指从业者关注事实和细节问题，不仅要考虑全局，而且要深入了解工作过程中的各个环节和关键细节，还要对细节方面可能出现的问题进行预防和控制，确保结果的完美。

行动中关注细节：只有关注细节，才可能打造出精致的产品。关注细节，善于学习和掌握各种改进细节的方法，并在工作中加以运用，力求尽善尽美。

（四）讨论分享

1. 分享的话题

（1）案例中的人物事迹对我们做到精益求精有什么启示？

（2）结合实际，谈谈我们在平时的学习和未来的职业活动中如何践行精益求精。

活动建议：小组成员积极主动参与问题探讨，教师了解各小组讨论情况并加以引导，避免讨论偏题。

小组讨论、全班交流结束，教师进行归纳总结，明确要点，肯定学生们回答正确

的方面，同时指出错误之处和出错的原因。

2. 现场小测试

请每个同学完成以下"细节能力小测试"，看看自己关注细节的能力。

根据自己的实际情况，选择适合自己的答案，并按照评分标准，客观地给自己打分，最后思考：你的测评结果如何？你认为你还需要在哪些方面作出努力呢？

细节能力小测试

编号	问题	可选答案
1	你知道自己衣服的具体尺寸吗？	A. 知道　B. 不知道
2	走在路上你会观察周围的事物或行人吗？	A. 会　B. 不会
3	公共场合有人大声吵闹影响到你，你会在意吗？	A. 会　B. 不会
4	如果你买到的东西有小瑕疵，你会计较吗？	A. 会　B. 不会
5	需要找东西时，你能记住准确的地方吗？	A. 能　B. 不能
6	你能一眼看出相似图形的细微差别吗？	A. 能　B. 不能
7	你能注意到物体的细节部分吗？	A. 能　B. 不能
8	你能迅速分辨出不同物体的差异吗？	A. 能　B. 不能
9	你能正确观察并描述复杂的实训仪器吗？	A. 能　B. 不能
10	你能准确记住实训操作过程的每一个步骤吗？	A. 能　B. 不能

活动建议：对于测试的内容，根据自己的实际情况作出回答，给出的答案必须是真实的。选A项的计10分，选B项的计5分，再按照计分方法将以上10题得分相加算出总分，满分100分。

90～100分表明关注细节的能力很强，对事物能作出准确判断；80～90分表明关注细节的能力较强，能够发现细节背后的联系；60～80分表明关注细节的能力一般；低于60分表明关注细节的能力较差。

（五）评价拓展

在平时的学习和未来的职业活动中，我们应如何践行精益求精呢？精益求精最重要的是要落实在行动上。在生活、学习和工作中关注细节、追求完美，不满足于现状和现有的成果，时刻向着更快、更高、更好、更强的目标去行动、去努力、去奋斗，就是在践行精益求精。精益求精的实践要求有以下几方面。

要求一："讲精细" 培养精细理念

深刻理解精益求精的意义，向杰出的工匠学习，虽然行业、企业、工作岗位存在差异，但是工作要求和工作态度是一致的。对工作精益求精，首先就是培养精细的理念，养成万无一失的良好习惯。注重"精"和"益"，业精于"细"，每处理一件事，结束时都要检查是否有差错，将问题消灭在萌芽状态。秉承"精细"的理念，注重细节，注重精细，从精细中找突破口，从细致处入手，才能一步一步走向成功。

要求二："拼细节" 推敲每个细节

正所谓"细节决定成败"。大国工匠们对细节的把握更是精益求精，"赢在细节"不是空口号，而是实实在在的行动，每一个细节都值得我们反复推敲。如果一个细节没有处理好，都可能导致功亏一篑。从现在做起，在自己的专业学习和实习中，坚持把每一个细节做好，在精益求精中实现价值。

要求三："重积累" 积累职业技能

积累要靠学习、靠练，职业技术、专业能力的提升需要我们每日学习和训练。每天进步一点点，哪怕只是微乎其微的一点，日积月累，达到一定的"量"，就有可能实现质的飞跃。工匠精神就是十几万个小时积累下来的，数量的积累引发质变，成功也是坚持不懈努力的结果。俗话说"行百里路者半九十"，在追求成功的路上，走了九十九步放弃的人那是失败者，成功者绝不会半途而废，他们会坚持走过百步，到达胜利的彼岸。无论你的工作岗位是如何平凡，只要你用心去做，坚持积累技能，就一定能取得不平凡的成就。

要求四："练绝招" 锤炼技术绝活

把简单的动作练到极致，然后把极致的东西内化为我们的技能，就成了绝活、绝招、绝技。在平日的学习中，我们要深化专业理论的学习，加强对知识的运用，遇到问题多查阅相关资料，用新知识、新理念武装自己的头脑，积极主动地向他人请教，学习他们处理问题的方法和经验，多学、多问、多想，提高专业能力。还要专注于基本技能的训练，放低姿态，摆正心态，踏踏实实苦练技术，简单的动作反复练、长期练、坚持练，练到极致就成了你的制胜绝招。

（六）学以致用

指导学生归纳本节课的学习内容，把握知识的内在逻辑，按照"是什么""为什么""怎么做"三个层次依次阐述本节课学习的重点和难点，并着重说明"怎么做"

这一层面。各组学生发言时，要求表述的三个层次如下：

什么是精益求精？（本质内涵）

为什么要精益求精？（重要意义）

怎样做到精益求精？（实践要求）

活动建议： 引导学生自主进行小结，学生根据本节课学习的内容，重点弄清楚三个问题：是什么？为什么？怎么做？教师指导学生加以总结，帮助学生厘清其中的逻辑，从而准确掌握本节课的重点和难点。学生参与小结，以巩固知识，提高课堂学习效果。

三、专业专注

【活动设计】

（一）角色引入

教师将班级学生平均分为若干小组，让学生根据需要完成的任务自由组合，6～8人一组，选出组长。开始头脑风暴，每位学生先独立完成表格：你对所学专业了解多少（如下表），再在组内交流。

序号	知识点		要求的内容	努力方向
1	我目前学习的专业			
2	我要学习的主要专业课程			
3	我的专业对应的职业群			
4	我的专业素养要求	思想政治		
		职业道德		
		基础文化		
		专业技能		
		身心健康		
5	所需职业资格证书			
6	我喜欢的专业明星及其取得的成就			

活动建议：各小组成员先依据自己的实际情况填写表格内容，各小组组长组织讨论活动。各小组按照要求汇总讨论结果，完成表格，再在全班展示、交流。讨论交流时，教师要让学生充分发表意见，不可随意否定学生，影响他们讨论的积极性。以图表的形式，呈现学生对所学专业在认识上存在的不足，通过交流讨论，纠正图表里填写不正确的部分，列出相关知识要点，完善表格，使学生深入理解自己所学专业知识。

（二）兴趣探索

1. 小组讨论

每个学生先仔细阅读二维码（见76页）中的案例，独立思考，然后小组成员讨论交流各自的意见，最后每组派代表汇报讨论结果，大家集体讨论。

讨论的话题：

（1）案例中的人物事迹，让你感触最深的是什么？你受到什么启发？他们是从哪些方面表现出专业专注的？

（2）结合案例，说说专业和专注两者之间有什么关系。

（3）根据你的实际情况，谈谈：现在你能否专注于自己的专业学习？将来你又能否专注于自己的工作岗位？

小组讨论建议：学生分小组进行讨论，每个小组可以重点讨论其中一个问题，每个学生根据自己的体会作出回答，要求学生们应尽量大胆说出自己的意见。

由小组长主持本组讨论，每组确定一名记录员、一名报告员，记录员负责对本组讨论的要点进行记录；报告员负责归纳总结小组的讨论意见，并代表小组向全班发言，其他组员可作补充。

2. 分享小组成果

各小组记录员记录本组讨论的结果，并以要点的形式抄写到黑板上，再由各小组报告员来陈述小组讨论的结果。

分享活动建议：各小组深入探讨，先简要复述本组重点讨论的问题，以便其他组了解。

各组报告员发言时，注意将发言的结论性内容和专业实际联系在一起，以加深全体学生对知识点的认识，其他组可以补充发言，表明想法，提出建议。

（三）领悟体验

教师结合案例，对学生的讨论结果进行梳理、归纳，引导学生理解：案例中的人物都只专注于自己熟悉的专业领域，再加上不断努力深挖，他们的成功之路才越走越宽。强调重点"作风——专业专注"：两个概念、一个关系、两个基本表现。

两个概念

专业：根据学科分类或者生产部门分工将学科分成的门类，如会计、企业管理、餐饮服务、电子商务、文秘等专业。专业是依据社会经济发展、产业结构的变化以及市场对人才的需求而设置的，是个人职业生涯发展的起点，也是个人实现职业理想的基础。

专业是为我们将来从事某一职业作准备的。专业学习是我们打开职场大门的一把钥匙。在工作岗位上，如果没有一定的专业知识、专业技能，不具备从业所必需的本领，就无法履行岗位职责，就像司机不会开车、教师不会讲课、护士不会打针一样。

专注：专注就是专心注意，集中精力去完成一件事，具体指从业者对自己工作的内容、工作的细节和工作的过程耐心、细心、坚持的职业品质。

一个关系

在自己熟悉的专业领域，更能体现你的优势和价值。因为专业，才会更专注；因为专注，所以更专业。专业与专注是相互渗透、相辅相成的。唯有专注才能专业，唯有专业才能卓越。

两个基本表现

专心致志：把心思全放在上面，形容一心一意，聚精会神。

潜心钻研：指从业者要沉下心来，用自己的专注、耐心以及大量时间和精力去开展工作、熟悉业务、研究专业。

（四）讨论分享

1. 分享的话题

（1）结合实际，谈谈：案例中的人物是怎样专业专注地对待自己的事业的？并说明我们应该如何做到专业专注呢？

（2）说说：我们怎样才能成为一名专业专注的技术技能人才？有什么好的实施路径？

活动建议：以小组为单位展开讨论，可以先听取教师的意见，加深对问题的认识，进而解决问题。学生结合案例进行列举，然后归纳，由小组记录员把讨论达成的共识写下来，对各组所列要点集中进行汇总、分类。各组在描写实施路径时，教师应提出具体要求，让学生写出采用这种路径的理由和好处。

2. 测试小比赛

比赛名称：舒尔特方格测试。每个小组选派两名代表参赛，其中一名学生按照1～25的顺序依次指出它们的位置，同时诵读出声，另一名学生在一旁记录所用时间。

12	14	11	16	5
4	23	6	19	21
18	25	2	15	13
7	17	8	9	1
20	24	10	3	22

活动建议： 教师准备好比赛测试用的卡片，在一张方形卡片上画25个小方格，格子内任意填写上1～25共25个阿拉伯数字（如上图）。要求学生在看数字的时候，眼睛距方格30～35厘米，将视线自然集中于方格中心，按顺序找全所有数字，注意不要顾此失彼。

以小组为单位参加测试比赛，最后比较各组花费的时间，哪位同学数完25个数字所用时间越短，他的注意力水平就越高。

（五）评价拓展

大国工匠们很多都是辛勤工作在第一线的平凡工人，他们不是领导、不是富翁，甚至没有高学历，就是凭着对专业的钻研、几十年如一日的专注，成为一个领域不可或缺的人才。其实平凡和卓越的差距，就是能否专注于你所熟悉的专业，能否守得住那份枯燥、冗长和繁复。钻研自己的专业，提高自我专注力，使自己专注于一个点，并将这个点无限放大，才能领悟很多以前没有领会的东西，才可能在这个点上取得成绩。这就需要我们在以下几个方面多努力。

路径一：钻研力是可以培养的

工匠精神在于"干一行、爱一行、专一行、精一行"，能够钻研其实是一种能力。始终坚守自己的工作岗位，在一个细分的岗位上，努力钻研专业知识和技能技术，在某一领域，甚至某一领域的某个方面刻苦钻研，才能做到精通和专业。潜下心，集中精力，发现问题，想办法解决问题，遇到困难不动摇，向行家请教、向实践学习、向书本寻求答案，攻破一道道难关，不断培养钻研力，才能取得成功，成长为技术领域的专家。

路径二：专注力是可以提升的

专注力对我们学习、工作效率的提升都有着重要作用，只有提升专注力，才能集中精力思考问题并解决问题。管住自己的关键做法就是设立意识隔离带，自觉阻断多余信息，控制自己只去做最重要的；把握专业力的能量高峰，在自己的注意力、反应力、思维力都保持最佳状态时，处理最紧急的任务；还可以适当学会暂停，放松心情，有意识地提升注意力。

路径三：自控力是可以强化的

具有较强自制力的人，能掌控自己的情绪，抵制各种诱惑，在遭遇复杂情况时仍能保持冷静，沿着预定目标，勇敢前行，直至成功。在我们的生活、学习和工作中，可能会遇到这样的烦恼：手里的事情急于完成，却又难以集中精力，各种干扰会影响我们任务的完成。当我们遭遇诱惑和陷阱时，只有学会自制，强化自制力，才能让自己专注于做事，降低失败的概率。

路径四：意志力是可以训练的

工匠精神不仅具有某种特定的专业属性，而且是一种理念，是一种意志力。在很多情况下，问题的最终解决靠的是我们的意志，而不是我们的才智。坚强的意志不是与生俱有的，它是经过长期培养和训练形成的。我们要注意在日常学习和生活中加强自身修养，培养良好的行为习惯，在课堂学习、实训和社会实践中磨炼意志，不怕脏、不怕苦、不怕累，积极动手操作，努力掌握知识和技能。

（六）学以致用

各组进行小调查，填写下面的表格。根据自己的实际能力，在强、较强、一般、较弱、弱中选一个画上△。然后再填写你想用来提高这种能力的训练措施。

能力 \ 程度	强	较强	一般	较弱	弱	训练措施
专业力						
钻研力						
专注力						
自控力						
意志力						
抗挫折力						

活动建议： 学生结合自身实际填写，先要认识自我，后对专业等能力有清晰的认识，继而选择正确的实施路径和训练方法。学生填写后，在组内进行交流与展示。

四、追求极致

【活动设计】

（一）角色引入

将班级学生分成A、B、C、D四个组，轮流汇报，分享成果，展示同学们围绕"追求极致"主题搜集的相关材料。

活动建议： 课前教师把全班同学随机分成A、B、C、D四个组，学生以小组为单位，搜集关于"追求极致"的成语、名言警句、图片、宣传画或宣传标语、故事、先进人物事迹等，课上交流。激发学生课余学习的兴趣，引导学生有针对性地预习新知，同时培养学生小组合作学习的能力。

学生可采用多种形式展示小组的探究成果，如制作幻灯片、手抄报，以及展示图片、朗读故事、列举表格等。提前确定A、B、C、D四个组各自选择哪种形式展示，以保证成果展示形式的多样化。

（二）兴趣探索

1. 小组讨论

各小组自主阅读二维码（见76页）中的案例和材料，思考问题，然后进行小组讨论。

讨论的话题：

（1）说说案例中的人物为什么能够成功？他们的哪些行为是最让你感兴趣和受启发的？你怎么看待追求极致？

（2）案例中的先进人物把追求极致表现得淋漓尽致。谈谈：追求极致的深刻内涵是从哪些方面具体表现出来的？你会这样做吗？

小组讨论建议：在四个组的基础上，重新调整分组，每小组6~8人。教师对每个小组的学生作出明确分工：谁当组长、谁做记录、谁主持发言，小组内每位成员都要积极参与组内讨论，发言时要有礼貌，做到以理服人。

每个小组讨论时，应围绕主题展开，不能脱离主题"高谈阔论"。在组员充分发表意见后，各组记录员及时将本组讨论的要点记录在一张大白纸上，最后由各小组主持人就讨论结果作总结性发言。

2. 分享小组成果

各小组讨论结束，小组记录员将本组达成的共识，以简明的提纲形式写在黑板上，小组主持人结合提纲，作出发言，阐明观点，然后小组间再交流，统一思想认识。

分享活动建议：各组进行交流分享时，教师也可以表达自己的看法，对各组的讨论结果予以评价。评价要切中要害，引导学生学会归纳和总结，找到问题的关键点。

（三）领悟体验

教师引导学生回顾和分析以上案例，并以提炼关键词的形式作出总结，明确本阶段讨论的中心点，主要从追求极致的本质要求和基本表现两方面进行简要介绍。

教师结合案例，讲解追求极致的本质要求：什么是追求极致？为什么要追求极致？强调追求极致的两个基本表现——创新无止境和不断突破，帮助学生更好地理解追求极致的深刻内涵与主要表现。三个关键词：极致、创新、突破。

极致：不是最终的结果，而是更好的质量、更优的品质、更高的境界、更完美的事物，是人们心中更高的目标、更理想的状态。

创新：利用已有的知识、技能和物质条件，对原来的事物进行革新，获得更好的结果。

突破：打破现有学习、生活和工作中的条条框框，找到全新的方式方法，着眼长远和未来。

（四）讨论分享

1. 分享的话题

（1）说说：在你的成长过程中，有没有在哪方面追求过"极致"？你是怎么做的？

（2）结合案例中的人物事迹和自己的实际情况，谈谈：我们在追求极致的道路上应该怎么做？有什么好的实施路径和方法？

活动建议：在学生讨论的过程中，教师给予必要的指导，可以是只言片语，抑或是一个点头、一个微笑、一个比画动作，防止学生的讨论流于形式。学生在阅读二维码（见76页）中的相关内容时，把自己对问题的理解及时写在一张纸上，先整理出自己对问题的看法，再在小组内交流，小组长汇总每个组员交流的内容，最后在班级汇报。

2. 做游戏

游戏名称：身体创意图。以小组为单位，6～8人一组，小组全体成员各自摆出不同姿势，共同组成一个"怪物"形状，这个"怪物"要有11只脚和4只手在地上。看看哪个小组的组合图案最有创意？

活动建议：各小组在体验前先确定一个组合方案，充分考虑每个组员身形的差异，团结协作，全体组员集思广益，争取做到思维有突破，活动有创意；学生在用身体拼组图案时，教师要适当予以辅助，以保证游戏的安全开展和顺利完成。

游戏活动结束后，小组内成员先交流个人的体验和想法，各小组间再相互交流，归纳总结成功的经验或者失败的原因。教师适当点评，以起画龙点睛的作用，同时引导学生客观地看待自己小组的不足和别的小组的优点。

（五）评价拓展

追求极致是一种学习和工作态度，也是一种生活态度和生活方式。无论是学习还是工作，我们并不单单是为了学习、为了工作，它们实际上是一种生活方式，更多的是为了满足精神方面的需求。把事情做到极致，使之成为习惯，以这样的心态、习惯和精神来生活、学习和工作，就是在践行追求极致。追求极致的最佳路径有以下几条。

路径一：品质→将品质视为生命

品质是工匠精神的核心思想，视品质为生命，用品质来衡量工作的成果。我们

要从现在起树立品质意识，不断追求卓越的品质，时刻用"品质"来管理自己。这种"品质"要求细心，减少错误，精益求精；要求用心，想办法不断精进，提高自己的学习效率和工作质量；要求有善心，能善待自己的岗位、产品甚至机器设备；要求给予善心，能为他人着想，不计较个人的得失。

路径二：精进→把当下做到极致

日益精进是一种重要的态度，它要求我们始终保持一种向上向前的力量，在行动中杜绝懒惰和松懈。这种力量会促使我们的学习和工作更趋完美。培养精进的态度，把每个当下做到极致，无论学习什么课程，不管做什么工作，只有持续努力才会进步。即使是最简单的事情，经过持续努力，也会有所收获。

路径三：潜能→让潜能得到激发

追求极致是工匠精神的特质，想要达到这一点，就需要每个人不断发挥自己的优势智能，以强带弱、以强补弱，充分挖掘自身潜能。潜能一旦被发掘，"突破"便成为可能。同时也要懂得借助于其他方面的资源，不同专业的知识和技能、他人的经验以及社会的其他正能量，都是我们持续成长的源头活水。我们应不断挖掘自身潜能，从中获得前进的动力。

路径四：创新→让创新成为可能

首先我们要拥有正确的创新价值观，相信创新不是少数人的专利，创新不仅仅是某些行家的事情，人人都可以创新。创新也没有时间和地点等限制，随时随地都可以创新。在学习、生活中重视实干和实践，经常有意识地观察和思考一些问题，拓展知识结构，通过这种日常的自我训练，以提高观察力和大脑灵活性。积极参加创新实践活动，尝试用创造性的方法去解决实践中的问题。培养自己的创新素质，不断提高创新能力。

（六）学以致用

结合学生的学习情况，运用"盘点收获"的方式，组织学生进行课堂小结。

从知识方面进行盘点，如："通过今天的学习，我知道追求极致是……"

从情感方面进行盘点，如："通过今天的学习，我对追求极致有了新的认识……""通过今天的学习，我需要培养……""通过今天的学习，我对自己以前的行为感到……"

从行动方面进行盘点，如："在学校里，我打算……""在日常生活中，我应该……""将来，走上工作岗位，我决定……"

活动建议：教师不要简单、直接地对本节课的主要内容作出总结，而应让学生结合学习情况和自身实际，自己盘点归纳，从而深刻领会学习内容，变抽象的理论知识为具象的生活实践，真正将追求极致落到实处。

五、一丝不苟

【活动设计】

（一）角色引入

主题："差不多"害处多。

内容：在我们的生活和学习中部分人会有差不多思维和差不多行为，秉持"差不多"原则做事，会产生很多问题和害处。

活动建议：教师提前布置小品表演任务，并作好精心准备，从主题内容的选择确定到情景的设计，都提出具体要求，鼓励学生积极参与，承担小品中的角色扮演任务。

学生可以根据自身生活实际或者具体的专业学习情况，发挥想象力，围绕主题扩充表演的内容，编写表演的脚本，设置不同场景，并自由选择角色进行表演。

（二）兴趣探索

1. 小组讨论

全班同学排成一行，按1、2、3、4、5、6顺序循环报数。报数完毕，按顺序每6人组成一组。每个小组成员先阅读二维码（见76页）中的案例、材料，独立思考，然后根据案例内容并结合自己的体会进行讨论。

讨论的话题：

（1）根据案例、材料，结合自己的实际情况，谈谈在生活和学习中我们为什么不能粗心马虎，以及自己对"一丝不苟"的理解。

（2）结合案例中的人物事迹，分析他们对待工作一丝不苟的精神主要体现在哪些方面。

小组讨论建议：每个学生准备一张大白纸，写出对以上问题的理解，先在小组内交流，陈述个人观点，展示和分享自己的想法。

每位组员在阐述自己观点时,要结合自身情况,有针对性地以所阅读材料的相应内容为依据,丰富讨论的结果。

小组记录员把小组成员阐述的内容记录下来,并用关键词加以概括、标记。每个组员充分发表意见后,集中对关键词进行讨论、归类,形成小组讨论的结果。

2. 分享小组成果

每个小组以关键词的形式整理各自的观点,由各组派代表向全班汇报,展示小组讨论的结果,各组将讨论的结果记录在黑板或大白纸上。

分享活动建议:每组可以多种方式呈现小组讨论的成果。其他组参与讨论,表明各自的意见,补充更多的关键词,从而完善讨论,使大家的认识在相互切磋中得到提高。

(三)领悟体验

教师结合案例,对学生列出的关键词进行提炼、总结,统一学生的认识,引导学生领会一丝不苟的深刻内涵,理解一丝不苟的两个基本表现,努力发现自己在生活和学习中存在的问题。

教师讲解一丝不苟的内涵,强调它的两个基本表现:严谨细致和脚踏实地。

一丝不苟:是指办事认真,连最细微的地方也不敢马虎。

严谨细致:通过客观冷静的观察、思考、探究,发现事物的内在规律,并采用细致缜密的方法去解决问题。

脚踏实地:踏实、认真地做事,没有半点弄虚作假,不允许任何疏漏,打好基础,稳步前进。

(四)讨论分享

1. 分享的话题

(1)结合目前的专业学习情况,说说你在哪些方面做到了一丝不苟?

(2)回顾案例中的人物事迹,谈谈从现在起,我们应该怎样一丝不苟地学习和工作?

活动建议:每个学生在纸上写下自己在生活和学习中一丝不苟的行为,有多少写多少,并在小组内分享。

各小组归纳本组成员的做法,提炼共同之处,写出好的行为方式,比比看哪个组写得多？教师引导学生自我剖析，分析做得好的方面，同时指出哪些方面做得不够好，并提出改进意见，将各组所列要点集中汇总、分类。

2. 技能小比拼

一丝不苟技能比拼：选择一项简单的专业技能操作，请各小组派代表参加，比比看：谁在操作时，动作最标准？步骤最完整？环节最细致？完成时，失误最少？误差最低？结果最精准？

活动建议：教师根据所授课班级情况提前制定本次技能小比拼的评分标准表和操作规则，选择相对简单的技能操作项目或某个复杂操作任务的某一环节，准备好相关的应用材料或者工具，注意调控活动时间。

每组选派一名代表作为打分评委，组成评委团，严格按照评分标准表执行，给出失分点和得分点，考虑其他得分点，综合算出最终成绩，如实记录在表中，再将几位评委的打分进行平均，得出比拼的最终成绩并公布结果。

全体学生参与讨论，评委说出自己评分的理由，特别是针对得分点和失分点；参赛者分享比拼取得成功或者失败的感受和体验，大家交流体会，畅谈感受，达成共识。评分标准表如下：

任务	项目配分	评分点	配分点	评分标准	得分点	失分点	本项得分	评分记录
技能操作项目	功能实现							
	工艺性							
其他给分								
说明								

（五）评价拓展

一丝不苟即以严谨的态度和纯粹的专业眼光严苛地审视学习、工作，不让它们有任何疏漏。我们还需要从思想上高度认识一丝不苟的重要性，并将之落实到各项具体行动中。从现在起，我们应做到对"差不多"说"不"！自觉践行一丝不苟。

途径一：高标准须严要求

做事标准的高低，会影响一个人成就的大小。用高标准要求自己，从被动走向主动，让严格的要求成为每个人的行为习惯。在我们的生活、学习和工作中，总会听到类似"我很努力，但是很困难怎么办""我已经做得不错了""差不多就行了"的声音，其实这些都是在为自己的不够努力找借口，你的"努力""不错""差不多"到底是以什么为标准的？"差不多"就是"差得远"，高标准、严要求虽然需要付出更多，但最后一定会使做的事情更完美。

途径二：基本功要"笨功夫"

无论是在生活、学习中还是在工作中，要想有所成就，必须练好基本功，并持之以恒地学习，不断钻研，精益求精，除此之外没有任何捷径可走，试图走近路、一蹴而就是不可能的。只有脚踏实地练基本功，打好基础，练就扎实的"笨功夫"，坚定踏实地前进，才能走向成功。

途径三：点滴事养好习惯

成就大事的关键是对待小事的认真态度。如果我们轻视小事，对小事敷衍了事，最后很可能因为点滴的小事而导致满盘皆输，所以我们每个人必须重视细处、微处、小处。立足岗位，从小事做起，一丝不苟地做好小事，坚持把每一件小事做好。

途径四：慢速度才不出错

"欲速则不达"，在我们的生活中，一味求快，过于追求速度，往往会使我们产生浮躁的心理，让我们无法静下心来、精心地学习和工作。我们在做任何事情时，都不要急于求成，不能着急忙慌，不仅要看到近期效果，还要看到长远影响，所以我们要平心静气、慢慢来，严谨细致，绝不马虎。耐心做、缓慢做、坚持做、精细做，体现了工匠精神的精髓。只有"慢慢来"，慢工出细活，才可能在通向成功的路上越走越快，越走越远。

（六）学以致用

运用总结、评价的方式，组织学生进行课堂小结。先由小组成员自己对本节课学到的内容作出总结，然后每个小组推荐一名代表，对本节课所学内容加以归纳、总结，对学习情况进行评价。

总结、评价可以采取以下句式：今天我学习了……通过学习，我掌握了……知识，明白了……道理；认同和接受了……观点，澄清过去在……问题上的错误认识；

我为自己的……而感到由衷的高兴和自豪，为……而感到内疚和不安；学会了……方法，今后，我会如何去做……

*活动建议：*各小组先总结课堂学习的内容，再对各组在课堂上的表现，包括课前准备、课堂纪律、活动参与、合作精神等方面作出评价，分A、B、C、D四个等级。最后，教师进行综合评价，并对表现好的小组和同学予以表扬。

教师把教学评价引入课堂，教学评价不只是教师对学生的单向评价，也不只是对学生所学知识的单方面评价（评价内容既有知识方面的，也有情感和行为方面的），而是对各小组在学习过程中的综合表现进行评价。根据教学需要，还可以将学生对教师的评价引入课堂。

六、自律自省

【活动设计】

（一）角色引入

结合学生存在的突出思想问题，设置以下论题开展课堂辩论。

观点1：他律重于自律

观点2：自律重于他律

*活动建议：*教师提前布置论题，让学生准备材料，供课堂交流使用。辩论时，要求每个学生针对以上两个观点，提出个人的看法：你赞同哪一个观点？为什么赞同这个观点？自由畅谈想法，各抒己见，参与辩论。

教师及时对学生的辩论进行点评、总结，并提出个人意见，重在把学生的看法提升到新的高度。同时，教师要注意给学生以积极、正面的引导，让学生全面看待自律和他律，进而认同自律的重要性。此外，要注意调控课堂辩论的时间和进程。

（二）兴趣探索

1. 小组讨论

将全班同学平均分为A、B、C、D、E、F六个小组，并确定好小组长。每个小组先自主阅读二维码（见76页）中的案例和材料，思考讨论的问题，随后进行小组讨论。

讨论的话题：

（1）回顾辩论结果，谈谈案例的内容对你有什么启示？你怎么看待自律自省？

（2）案例中的先进人物是如何自律自省的？你认为我们也应该自律自省吗？

小组讨论建议：小组内进行问题讨论时，各小组的学生将自己对问题的看法写在一张白纸上，先在组内交流，完成"我的思想地图"，然后各小组轮流汇报各自的主要观点。

组内讨论时，先由每位组员说出自己的想法，再把大家的观点集中起来，形成本小组的"思想地图"，并绘制在大白纸上。

在进行小组讨论时，教师可以巡视，引导学生围绕议题展开讨论，保证讨论的深入，并适时予以点评，提醒学生不能"机械式"讨论，实现了生生、师生的互动。

2. 分享小组成果

小组讨论后，整理本组的观点，各组派代表向全班分享小组讨论的结果，在大白纸或者黑板上呈现本小组的"思想地图"。

分享活动建议：每个小组在分享讨论结果，展示"思想地图"时可以采用树形图、气泡图、环形图、流程图等形式，把关键词、中心词语、重要观点清晰地展现出来。

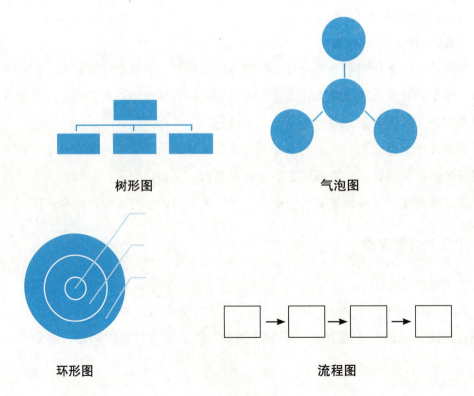

全班交流时，各小组按照从A～F的顺序依次交流汇报，保证讨论有序进行，教师点评、引导，使讨论得以深化。各小组之间可以互动，表明自己的意见，相互补充、完善，教师点拨，帮助学生打开思路，使学生在相互理解中碰撞出智慧的火花。

（三）领悟体验

教师引导学生回顾案例，综合各组的"思想地图"，提炼总结。从理论上强调：自律自省，不仅是道德修养的有效方法，而且是道德修养的高级境界，是方法与境界的统一。强调自律自省，能够让人淡泊宁静、忠诚无私。

三个关键词：自律自省、淡泊宁静、忠诚无私

自律自省：是通过自我意识来省察自己言行的过程，即自我观察、自我分析、自我约束、自我评价、自我调控，全面了解自己的优缺点，完成自我管理和自我教育。

淡泊宁静：意思是看轻名利，才能明确志向，保持身心安宁恬静，实现远大理想。

忠诚无私：是指尽心尽力、真诚真实、敬业奉献。

（四）讨论分享

1. 分享的话题

（1）回顾案例中的先进人物事迹，结合自身情况思考：如果我们不自律自省，结果会怎么样？

（2）结合自己的学习和生活谈谈：你会运用哪些方法来自律自省呢？

活动建议： 小组成员写下自己总结的课堂讨论意见，以小组为单位，通过头脑风暴的形式进行组内交流。然后由小组代表向全班学生汇报组内讨论成果，教师对各组的观点进行总结、概括、集中、分类，明确指出自律自省的方法有哪些。

各小组轮流展示本组讨论交流的成果，各组在阐述观点时应联系生活和学习的实际情况，并说出理由。小组之间可以互相补充，最终集体复议，达成一致意见。

2. 情境反思

让大家闭上眼睛，放松身心，排除杂念，认真进行一次内省：首先，反思一下自己最近的行为，哪些地方做得好？哪些地方做得不好？

（稍候……）

想一想，自己错误的言行带来了怎样的后果？针对自己存在的问题，你会提出哪

些改进意见?

活动建议: 在内省过程中,教师启发学生分析自己在这一过程中产生了怎样的情感体验,对自己有了怎样的新认识。

活动结束后,每个学生将自己在自省过程中心理和情感方面的感受尽可能表达出来,先在小组内交流,各抒己见,然后小组间交流和沟通,最后教师梳理、小结。教师可以根据课堂节奏灵活把控内省活动时间。

(五)评价拓展

自律内省,必须立足日常生活实践和岗位实践,坚持不懈。自律内省不是纯粹的个人心理活动,必须和岗位实践相结合,依据职业道德规范,指向自己所从事的岗位实践活动,自律内省中发现的问题也必须在未来的岗位实践中加以解决。自律内省不是一时即兴所为,它是一个长期的、不断积累的过程,必须天天坚持,时日既久,方见实效。自律内省必须成为一种习惯,成为一种生存方式。

方法一:你有没有选择正确的价值取向

价值取向正确与否,决定我们能否做到淡泊明志和忠诚无私。要从实际出发,经常反思自己的价值取向,并及时作出调整,树立正确的金钱观、职业观和幸福观。学会寻求工作本身的乐趣,乐业才是幸福之源;工作不仅是为了满足自己的物质需求,而且要为社会贡献力量,创造价值以技能报国。

方法二:你会不会保持良好的职业心态

心态非常重要,保持良好的心态去完成每一项任务,把学习和工作变成幸福的事情。我们应该放下功利心、浮躁心、索取心,不能有投机心理,多些感恩之心和利他之心,保持进取心,热爱本职工作,一心扑到工作上,多学习专业知识和技能。修正内心,改变行为,不断自律自省,保持积极的职业心态,不要太计较得失,不要太在乎别人的眼光,也不要总去攀比,以豁达平和的心情、阳光乐观的态度去学习和工作,才能拥有战胜挫折、困难的勇气和信心。

方法三:你能不能修炼高尚的职业道德

在实践中修炼良好的职业道德品质,形成良好的职业行为习惯。无论是在学校学习期间还是在未来的工作岗位中,我们都必须立足日常生活实践和岗位实践,礼貌待人、尊重他人、好学上进、虚心求教、吃苦耐劳,严格遵守各项规章制度,经常反思自己的得失,严于剖析自己,把他律变成自律,从"要我这样做"上升为"我要这样做"，坚定信念，修炼职业道德，贵在坚持。

方法四：你能不能进行严格的自我管理

管理也是一种能力，从现在起对自己严格要求，全面客观地管理自己的生活和学习。加强自律，学会克己、谨言慎行，做到表里如一，自觉做好自己该做的事情，规范自己的言行举止。反躬自省，经常反问自己：我说的、做的对不对？随时纠正不良的行为习惯，摒弃思想杂念。学会利用时间，强化时间观念，明确任务，给自己制定学习和训练计划，并坚决执行，提高效率，勤于自我反思，不断进行自我检查、自我监督、自我约束，把自律自省的生活方式当成目标。

（六）学以致用

完成"每天自律自省"自查表，教师指导学生分析：自己目前在校学习的状况如何？生活中自己的道德行为表现怎样（涵盖家庭生活、社会生活）？反思哪些地方做得比较好？哪些方面做得不足？对于不好之处，应如何改进？针对以上问题，认真填写表格。

星期	今天我满意的表现		今天我存在的问题		需要改进的地方		监督
	学习方面	道德方面	学习方面	道德方面	学习方面	道德方面	
星期一							
星期二							
星期三							
星期四							
星期五							
星期六							
星期日							

活动建议：教师准备一份自律自省问题自查表，主要针对学生在校学习、道德方面的表现与存在的问题，帮助学生克服惰性，养成自律自省的好习惯。以小组为单位，学生结合自身实际，进行自我剖析，分析自己哪些方面做得不错，哪些方面存在不足，填写自律自省问题自查表。然后小组之间交流，谈一谈如何将这种自律自省常规化、制度化、习惯化。

【学习资源包】

"追求"——精益求精

一是精益求精的本质特征。

精益求精的内涵：精益求精是工匠精神的核心。其意思是已经把事情做得非常出色了，但还要追求更完美，尽善尽美。正如古人所说"如切如磋，如琢如磨，方可谓精之益精"。现在更多是指从业者在技术、产品等方面力求更加完美。精益求精是优秀工匠们共同具有的思想特质和从业准则——"要做就做最好"。在精、细、实上下足功夫，不允许自己的产品有任何瑕疵，用心工作，在每个细节上精雕细琢，直到穷尽心智。

精益求精的意义：精益求精是从业者个人的追求。"精益"是一种职业精神状态，"求精"则是一种职业品质，只有对工作精益求精，对产品精雕细琢，对创新不懈追求，才能做好本职工作，进而取得更大的成绩。

精益求精是企业兴旺发达的基础。那些"百年企业""百强企业"之所以能够在市场上长久存活，依靠的是技术人员对每一道工序、每一个零部件的精心打磨，对每一个细节的反复检查，依靠的就是每一位职业人员精益求精的工作精神。

精益求精是社会进步发展的源泉。个人追求精益求精，在经济社会发展中，就能积极发挥主力军作用；企业精益求精，增品种、提品质、创品牌，就能实现可持续的精品发展；进而树立劳动光荣的社会风尚和精益求精的敬业风气，推动社会的进步。

二是精益求精的基本表现。

追求完美。古往今来，优秀的工匠都有着完美主义倾向，对产品技艺和品质的追求几近完美。这是一种工作态度和方式，也是一种生活态度，更是一种心理模式。在工作上，拥有追求完美的品质，就会持续坚持，为实现自己心中"完美"的目标而努力，否则就会寝食难安。把事情做好、做漂亮、做完美、做卓越，以这样的心态来工作才能打造精品，铸造卓越。

注重细节。注重细节是精益求精的重要内涵之一，要求职业人员关注事实和细节，既要考虑全局，又要深入了解工作过程中的各个环节和关键细节，并对细节方面可能出现的问题进行预防和控制，确保结果的完美。在行为习惯上，关注细节要求具有严谨扎实的工作作风；善于学习和掌握各种改进细节的方法，并将之应用于学习和工作中，力求尽善尽美；对于学习过程和工作流程中的各个步骤、环节进行多角度、多方面、全方位的综合考虑，以确保各项计划的严密实施、准确完成。

三是精益求精的实践要求。

培养精细理念。精细永无止境,工匠精神讲究的就是精雕细琢、精益求精,无论是做人还是做事都不断追求细节、完美、极致。"精于工、匠于心",形成精而细的意识,注重在精细中寻找机会,正如老子所说"天下难事,必作于易;天下大事,必作于细",秉承细节制胜的理念,对败笔"零容忍",拒绝"差不多"思想,在精细中见功夫,业精于"细",精耕细作,才能逐步走向成功。

推敲每个细节。生活中看似细节的东西,常会产生让人意想不到的结果,决定成败的,往往是微弱的细节,即所谓细节制胜。每个细节都值得反复推敲,对工作缺乏认真的态度,对任务敷衍了事,看不到细节,不把细节当回事,一定难以把事情做好。小处着眼,大处着手,认真对待学习和工作,只有将细节做好了,才能在精益求精中实现价值。

积累职业技能。积累要靠学习、靠踏踏实实地练习操作技术,只有勤勉好学,注重积累,才能不断拓展理论知识。不管在什么样的工作岗位,都应将积累职业技能变成一种习惯。当职业技能积累到一定量之后,就会实现质的飞跃。每天进步一点,哪怕只是微乎其微的一点,日积月累,总会成功。

锤炼技术绝活。在工作实践中,从业者把简单的技能练到极致,将极致的东西内化为自身的本领,就成了绝活、绝招、绝技。练眼力、练听力、练嗅觉、练手功、练注意力、练精准力、练记忆力,简单的事情重复做、坚持做,苦练绝活绝技,就是将"匠心"融入岗位作业的每个环节、每道工序和每项服务中。让自己在平凡的岗位上多学、多干、多钻、多磨,潜心静气、埋头苦干,必然能练就制胜绝学,练就不平凡的技艺。

地勘行业"大国工匠"——朱恒银

"从地表向地心,他让探宝'银针'不断挺进。一腔热血,融进千米厚土;一缕微光,射穿岩层深处。他让钻头行走的深度,矗立为行业的高度。"这是安徽省地质矿产勘查局313地质队教授级高级工程师朱恒银喜获2018年度"大国工匠"人物殊荣的颁奖词。

他是安徽省首位当选的"大国工匠年度人物",也是职校走出的"大国工匠"。

1955年11月出生的朱恒银,从事地质钻探第一线野外工作43年,凭借自己不懈的努力奋斗,从一名钻探工人成长为全国知名的钻探专家、安徽省学术和技术带头人。一路走来,他以献身地质事业为荣、以找矿立功为荣、以艰苦奋斗为荣的"地质

三光荣"精神为动力,勇于探索创新,不畏艰难,在平凡的工作岗位上,攻克了一个又一个技术难关,将我国小口径岩心钻探地质找矿深度从1000米以浅推进至3000米以深的国际先进水平,成为我国深部岩心钻探的领跑者,产生了数千亿元的经济及社会效益。

"大国工匠年度人物"是所在行业的顶尖技术技能人才,他们在普通岗位上作出了不平凡的贡献,是工匠精神的杰出传承者。那么,作为2018年度全国地勘单位唯一的"大国工匠"获得者,朱恒银在平凡的岗位上取得过什么不平凡的业绩呢?

艰苦岗位,43年坚守,不断探索创新

朱恒银自20岁招工到地质勘探队,一干就是43个春秋。他在平凡的工作岗位上,善于发现和提出问题,并能不断探索解决问题,研发的多项技术成果填补了我国空白,主要体现在以下几个方面:

——利用小口径液动螺杆钻孔底马达配合定向监测技术及施工工艺,实现了钻孔轨迹"导航"钻进。首创在1000米以深钻孔中,施工多分支羽状钻孔和一孔中六个不同方向的伞状分支孔纪录。

——研发的三重管单动隔水取心钻具,首创松散地层采取不扰动原状岩心样的技术突破。

——采用新型集成创新模块化思路,设计出分体塔式全液压动力头3000米钻机,研发了高强度绳索取心钻杆,首创2706.68米小口径(Φ76毫米)绳索取心孔深纪录;率先建立了3000米深部岩心钻探工艺技术体系,突破了制约3000米深部地质岩心钻探的技术瓶颈。

——研发了大直径加重管密闭和常规绳索取心互换双作用钻具,首创Φ152毫米页岩气钻探绳索密闭取心2328.18米孔深纪录。

——研发了适应深孔低转速条件下的金刚石钻头特殊结构和加工方法,使在同一地层情况下,金刚石钻头寿命提高约2倍,效率提高1.5倍以上。

——率先将数字式全景钻孔摄像技术应用于深部钻探,结合研发的孔底电动恒压岩心定向打印系统,成功解决了单孔中确定岩矿层产状、结构及矿脉延伸方向的预测技术难题。

——研发了一套集钻孔弯曲分析、初级定向孔设计、钻孔轨迹定位、三维定向钻孔轨迹设计、钻孔柱状图、钻孔结构、钻孔轨迹三维动态显示等功能于一体的软件系统,使计算机更进一步应用于深部钻探优化设计、钻孔轨迹监控、数据处理、钻孔质量控制和钻探资料档案管理中,为野外地质钻探技术工作者提供了帮手和技术支持。

朱恒银立足岗位43年的坚守,不忘初心、牢记使命,开创了一个又一个行业技术先河,攻克了钻探技术领域众多的难题,为推动我国地质岩心钻探技术发展作出了重要贡献。

精湛技术,勤于实践,展现工匠精神

朱恒银在常年的工作实践中,不仅勇于创新,而且最可贵的是将每项创新成果应用于钻探生产第一线,大力助推了地质钻探技术的发展。

(一)创新技术,促进找矿突破

朱恒银43年来,先后参加了安徽霍邱、庐枞、铜陵、安庆、滁州、大别山区及全国多个地区铁、铜、金、钼、铅锌等大型和特大型矿区的地质勘探工作,并把自己积累的精湛技术和研发的机具、工艺方法,推广应用于矿区的勘探施工中,解决了复杂地层、坚硬地层、易斜地层钻孔扩壁、取心、钻孔弯曲控制、钻进效率等技术难题,为地质找矿的突破提供了重要的技术支撑。

(二)精湛技能,科钻特钻显神通

朱恒银领衔的技术团队除将创新成果应用于地质找矿方面外,还广泛地推广应用于国家科学钻探和特种工程技术领域,已成为全国独树一帜的奇葩。

……

承担了国内多项高难度钻探施工工程,如矿山尾砂充填、煤田瓦斯抽排、水库大坝位移安全监测、控制地面沉降地下水回灌、盐田两孔对接等,用精湛的技术服务于社会,展现了大国工匠精神。

理想之梦,丰硕成果,绽放绚丽人生

朱恒银由于不断创新和勤于实践,让理想之梦结出了丰硕的果实。43年来,他先后获得国家科技进步二等奖1项,省部级科学技术一等奖2项,二等奖3项,三等奖1项,获得国家专利14项,计算机软件著作权1项,出版专著3部,在国家重点专业期刊上发表论文40余篇;同时,被中国地质大学(武汉)、安徽工业经济职业技术学院聘为客座教授。2022年6月,"大国工匠"朱恒银被安徽理工大学聘任为教授。

他曾先后荣获全国地矿系统"十佳科技工作者"、全国优秀科技工作者、全国劳动模范、地质领域最高奖——李四光地质科学奖、国土资源部"十一五""十二五"优秀科技工作者、全国地质勘查行业"十佳最美地质队员"、安徽省"十大新闻人物"、安徽省优秀专家、安徽省学术和技术带头人、安徽省创新争先奖等多项荣誉称号，并享受国务院政府特殊津贴，破格晋升为二级教授级高级工程师。

名师出高徒，朱恒银亲手培养并破格晋升了钻探工程教授级高级工程师3人，晋升高级工程师5人，工程师10余人，钻探机班长20余人，其中6名钻探技师，2名省部级能工巧匠，1名全国钻探技能大赛银奖，1人获中国地质学会野外青年地质贡献奖——金罗盘奖、安徽青年科技奖、安徽青年五四奖章，1人获安徽省江淮工匠，2人获安徽省"五一"劳动奖章，2人荣获安徽省政府特殊津贴。目前，朱恒银领衔的深部钻探创新团队的行业技术水平和操作技能均处于全国领先地位。

伟大的时代呼唤伟大的精神。43年来，朱恒银以实际行动诠释了追求理想、爱岗敬业、崇尚科学、勇于创新、无私奉献的劳模+工匠的品质，谱写出辉煌的人生篇章。

学习资源包和案例分析

日常生活篇

生活劳动常态化　练就基本的生活技能

篇首语

　　"一屋不扫，何以扫天下""一室之不治，何以天下家国为"。家庭教育是学校教育的有益补充，是开展家务劳动教育的主要阵地。根据吃、穿、住、行、用，开展递进式家务劳动教育，培育学生的基本劳动技能，实现生活自理，使其逐步养成一种良好的个人生活习惯。学生主动参与家务劳动，能获得丰富的劳动实践经验和创造性劳动思维，培养热爱劳动的思想情感，进而让劳动成为日常生活中的一种自觉行为。

任务四 衣之有形

【学习目标】

（1）能对不同衣服进行正确的分类。

（2）能从水温、材质、洗涤剂等方面清楚熟练地说出洗衣服的基本规范。

（3）能熟练地说出羊毛、真丝、麻棉、皮草、化纤等常见材质衣服的洗涤规范及晾晒、收纳要求。

（4）能根据搭配原理，为自己的学习、工作、聚会等不同场景搭配出得体的穿着。

（5）能根据家居基本条件，合理规划衣柜收纳空间，做到整洁美观，取放方便。

【建议学时】

4学时

【工作情境描述】

一天工作结束，全家男女老少换下衣服，由你负责完成一家所有衣服的洗、晾和收纳工作。

【工作流程与活动】

在接受工作任务后，首先分析了解全家人员构成及穿衣习惯、季节等基本情况，再学习工作标准，对照工作标准完成。

学习活动1 洗衣基本规范

（一）学习目标

（1）能按照标准对衣服进行基本分类，尤其对适合手洗和机洗衣服进行正确的区分。

（2）能从水温、材质、洗涤剂等方面清楚熟练地说出洗衣服的基本规范。

（3）能根据所学完成学习任务中的洗衣服环节。

（二）学习准备

洗涤用品、洗涤用具等。

（三）学时建议

1学时

（四）洗衣基本规范

洗衣基本规范

分类依据	分类原则	机洗	手洗	干洗	水温	洗涤用品	注意事项
功能	内衣	√	√		常温	中性	不可混洗
	袜子	√	√			中性	不可混洗
	外套	√	√			中性	注意颜色
颜色	深浅	√	√			中性	深浅分开洗
	是否掉色	√	√			中性	重点关注
材质	羊毛			√	最高40℃	中性	手法轻柔，挤压控水，且不可拧干
	真丝		√	√	最高40℃	中性	手法轻柔，不可浸泡
	棉麻	√	√		最高50℃	中性	不可拧干
	化纤	√	√		最高40℃	中性	
	皮草			√		中性	推荐干洗
	其他					中性	
特殊情况	油渍					中性	专用洗涤用品
	血渍				冷水	中性	冷水浸泡，及时清洗
	其他						

（1）内衣与外套分开洗。

（2）颜色浅的与深的分开洗。

（3）掉颜色的单独洗。

（4）不同材质注意水温。

（五）工作过程

（1）阅读水洗唛。

（2）根据水洗唛和上表对衣服进行洗前基本分类。

对衣服进行合理分类

（3）根据不同分类，对照上表各要点及注意事项分别进行机洗、手洗或干洗。

（4）拍视频上传工作过程，要能体现关键技术要点。

（六）评价与分析

活动过程评价表

班级		姓名		学号		日期/星期	
序号	评价要点			配分	得分	等级	
1	阅读了水洗唛并能说出要点			1			
2	按衣服功能进行了正确的分类			1			
3	按衣服颜色进行了正确的分类			1			
4	按衣服材质进行了正确的分类			1			
5	对特殊情况进行了正确的处理			1			
6	洗涤用品使用正确			1		□A（9～12分）	
7	机洗功能选择正确			1		□B（6～8分）	
8	水温选择正确			1		□C（6分以下）	
9	洗衣袋使用正确			1			
10	洗手方法正确			1			
11	至少参与一次课堂问答或讨论			1			
12	按时完成老师布置的任务			1			
	总分			12			
总评							

学习活动2　晾衣基本规范

（一）学习目标

（1）能及时晾晒。
（2）能按照基本规范对衣服进行正确、科学的晾晒。

（二）学习准备

干净的晾衣杆、晾衣架、晾衣袋等。

（三）学时建议

1学时

（四）晾衣基本规范

（1）及时晾晒，防止衣服滋生细菌，防皱。

（2）选择合适的晾衣架及用具。如儿童衣服用专用的儿童晾衣架；裤子、衬衫等使用不同功用的晾衣架；对于一些特殊材质的衣服，如羊毛衫等，还可以使用晾衣托盘，防止衣服变形等。

（3）晾衣之前认真阅读水洗唛，按照水洗唛进行正确晾晒。

挂钩方向一致

（4）特殊材质衣服勿暴晒。如真丝衣服最好放在阴凉处且反面向外晾晒。因为真丝由蛋白质纤维构成，质地轻柔，日光暴晒容易破坏纤维，使其发黄变硬等。同时，真丝衣服在八成干时就应该收起来。

（5）晒套头衫时，切不可将晾衣架从领口硬塞进衣服，这样容易使领口变形。正确的方法是将晾衣架从衣服底部套入领口；同样的道理，在晾晒半身裙或裤子时，也不可直接将晾衣架横撑开腰部，而是使用带夹子或钩子的晾衣架，夹住腰部两侧或者钩住衣服腰部里侧的晾衣圈。

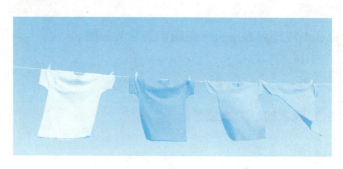

套头衫晾晒应注意避免领口变形

（6）容易掉色或者深色的衣服大多应该反面朝外晾晒，这样可以防止衣服褪色。

（7）内衣不可反面晾晒，因为空气中飘浮着带有细菌的尘埃。

（8）手洗的毛衣、外套等，因含水量大，衣服容易在水的重力下拉长变形，所以晾晒类似衣物时，使用晾衣托盘，等水控尽时，再用衣架晾晒。

（9）晾晒女士胸罩时，应采用倒挂的方法，即底围朝上，用带夹子的晾衣架夹住底围倒置晾晒，易干且不变形。

（10）衣架挂钩方向一致，便于收纳取用。

（11）其他注意事项。

（五）工作过程

（1）阅读水洗唛，如果洗衣时已熟悉此流程，可省略。

（2）准备好晾衣工具，并保证晾衣工具干净整洁。

（3）根据水洗唛及基本规范进行晾晒。

（4）检查调整。

（5）拍摄一段能体现衣服完整晾晒过程的视频上传。

（六）评价与分析

活动过程评价表

班级		姓名		学号		日期/星期	
序号	评价要点			配分	得分	等级	
1	晾晒及时（衣服洗好之后5分钟内）			1		☐A（7~9分） ☐B（5~6分） ☐C（5分以下）	
2	晾晒用具干净整洁			1			
3	正确使用晾晒工具			1			
4	晾晒手法正确			1			
5	里外朝向正确			1			
6	阴干、暴晒选择正确			1			
7	衣服挂钩方向一致			1			
8	至少参与一次课堂问答或讨论			1			
9	按时完成老师布置的任务			1			
	总分			9			
总评							

学习活动3　收纳基本指南

（一）学习目标

（1）能及时收纳：当天晾干，当天收纳。

（2）能熟练复述常见材质衣服的熨烫技术关键点并能熟练操作。

（3）能熟练复述衣服基本收纳规范并操作。

（二）学习准备

熨斗等。

（三）学时建议

1学时

（四）衣服收纳基本规范

1. 熨烫规范

（1）仔细阅读衣服熨烫标签。

低温熨烫　　　中温熨烫　　　不可熨烫

（2）分清衣服材质，常见材质熨烫方法如下：

棉麻织品：棉织品，底板温度不可超过150℃，反面熨烫；麻织品，底板温度不可超过200℃，反面熨烫，以免熨烫之后衣服发亮或者出现泛色现象，让衣服纤维受损；如果正面熨烫，应在衣服上垫上干净白布，以起到保护作用。

合成纤维：尼龙织品耐磨且弹性高，但不耐高温，因此须选择低温熨烫，且要用布垫好再熨烫。涤纶织品和化纤织品不容易皱，只要正确晾晒，一般不需要熨烫；若需熨烫，可以在衣服里面不明显部位先进行测试，再参照尼龙织品的熨烫方法熨烫即可。

羊绒织品：140℃左右中温蒸汽熨烫，且与物品保持0.5~1厘米的距离，切忌直接接触熨烫。

丝绸织品：丝绸最容易起皱，因此熨烫率最高。要用120℃以下温度熨烫，否则容易泛色、收缩、软化甚至变形。且需要垫布熨烫，不可直接接触，或者反面熨烫。

2. 收纳规范

（1）及时收纳，以免衣服沾灰落尘。

（2）分类：按以下原则，如家庭成员、是否成套、上衣/裤子/袜子/内衣/外套、挂/叠等进行分类。

（3）将熨烫好的衣服按照以上原则进行适当分类。

（4）以占用空间小、平整整洁为标准对需要折叠摆放

熨烫衣服

的衣服进行折叠。

（5）将需要悬挂收纳的衣服按照晾衣基本规范挂好，放入衣柜时应遵循以下原则：

深浅色衣服分开放，同一类型的放一起，常穿的放在取用方便的地方，长短相近的放一起，从短到长放置，衣钩方向一致等。

（6）将折叠的衣服分类放入衣柜，以抽拿其中一件衣服不影响其他衣服（可以使用专门的衣服收纳盒）为原则。

（7）其他注意事项。

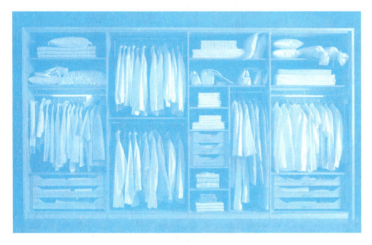

衣柜收纳　　　　　　　　　　衣柜间收纳

（五）工作过程

（1）分类。

（2）熨烫。

（3）收纳。

（4）检查调整。

（5）拍摄一段能体现衣服收纳完整过程的视频上传。

（六）评价与分析

活动过程评价表

班级		姓名		学号		日期/星期	
序号	评价要点			配分	得分	等级	
1	及时收纳（当天晾干，当天收纳）			1		☐A（8～11分） ☐B（6～7分） ☐C（6分以下）	
2	按家庭成员进行分类			1			
3	按悬挂/折叠进行分类			1			
4	悬挂遵循了颜色原则			1			
5	悬挂遵循了长短原则			1			
6	悬挂遵循了衣钩方向一致标准			1			
7	折叠遵循了节省空间原则			1			
8	折叠遵循了平整原则			1			
9	折叠遵循了互不干扰原则			1			
10	至少参与一次课堂问答或讨论			1			
11	按时完成老师布置的任务			1			
	总分			11			
总评							

学习活动4　穿衣搭配基本常识

（一）学习目标

能根据搭配基本规范，为自己搭配日常生活、工作及宴会服装。

（二）学习准备

衣柜、基本日常服装。

（三）学时建议

1学时

（四）穿衣搭配基本规范

1. 色彩搭配基本原则

同色搭配：协调、柔和、端庄、文雅。

冷暖搭配：调和、相谐、突出、强调。

  绿色搭配咖色

  红色搭配黑色或白色

  灰色搭配亮色

  黑色搭配红色、白色、黄色

  蓝色搭配白色、红色

衣服基础款必备颜色：黑色、白色、灰色。

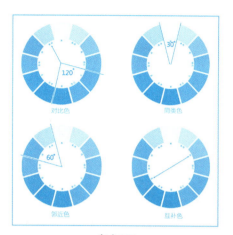

色相环

2. 整体搭配基本原则

符合场合、符合身份；

讲究颜色配合；

巧用手包、胸针、丝巾等饰物点睛；

讲究款式，契合个人气质。

3. 特例

正式场合，西装穿着基本规范：

（1）男士：打领带，配扣式皮带，穿系带商务皮鞋。

（2）女士：配丝巾（或胸针），穿无襻皮鞋。

（3）扣子：三粒扣西装，系中间一粒或者后两粒；两粒扣，系第一粒；一粒扣，可系可不系；双排扣必须全部系上。

（4）袖口：衬衫袖口，手垂下时，比西装袖口长一指宽；手抬起时，比西装袖口长约三个手指宽。

（五）工作过程

（1）熟知颜色搭配基本原则。

（2）熟悉整体搭配基本原则。

（3）了解配饰搭配技巧。

（4）清楚西装穿着基本规范。

（5）为自己搭配上班、周末与朋友聚会、日常生活三个不同场合的穿着。

（六）评价与分析

活动过程评价表

班级		姓名		学号		日期/星期	
序号	评价要点			配分	得分	等级	
1	符合场合			1			
2	符合季节			1			
3	符合颜色搭配原则			1		□A（5~8分）	
4	符合款式搭配基本规范			1		□B（3~4分）	
5	配饰搭配画龙点睛，不累赘			1		□C（3分以下）	
6	总体效果符合个人气质			1			
7	至少参与一次课堂问答或讨论			1			
8	按时完成老师布置的任务			1			
	总分			8			
总评							

【学习资源包】

关于规范校园文明着装的通知

文明着装是人类服饰文明、礼仪文明的重要内容，是人的社会意识和职业素养的直观体现。作为中国特色社会主义事业的后备军和接班人，青年人更应在文明举止、文明着装等方面严格要求，穿出青年人的风貌和特征，展现青年人的朝气与自信。为进一步提升师生文明素养，营造文明、健康、典雅的校园文化氛围，特针对学生夏季着装及相关教育督察作如下要求：

（1）学生在各种公共场所应自觉文明着装，体现青春与朝气，穿戴整洁，朴素大方，男生不留长发，女生不留奇异发型，不穿吊带及穿拖鞋、超短裤（裙）等出入教室、图书馆、实验室、会场等其他公共场所，不穿过短的衣服，短裤、短裙下摆不宜高于膝盖10厘米。同学之间应相互提醒，相互监督，杜绝各种不文明着装行为。

（2）加强学生文明着装的引导和教育，各二级学院要利用班会时间，就"大学生文明着装，举止规范"召开主题班会进行讨论，教育引导学生养成文明、得体、大方的着装习惯，体现新时代大学生应有的精神风貌。

（3）广大教师和学生干部要自觉履行对学生的文明礼仪教育职责，教师在文明着装上要发挥模范带头作用，为人师表，如发现学生在课堂上或其他活动中有不文明着装现象，任课老师或学生干部应劝其换装后再参与活动，同时报学生所在二级学院，各方配合，形成教育合力。

（4）各二级学院要加大对文明着装的检查力度。学生会干部要继续加强学风和校园文明督导，发现学生不按要求着装或行为举止不当，要及时进行劝阻和纠正；学生会应安排人员不定期检查，发现有学生违规应及时通报。

请各二级学院认真宣传落实，务必将通知要求传达到每位学生，讲清相关要求和活动的意义，耐心细致地作好宣传教育，确保真正落实。

××××职业技术学院团委
2019年5月23日

任务五 食之有味

【学习目标】

（1）能复述中国饮食文化的基本特点。
（2）能熟练说出常用佐料的使用要点及功用。
（3）能熟练掌握煎、炒、蒸、煮、烧菜基本方法。
（4）能熟练使用常见炊具，并能复述安全常识。

【建议学时】

4学时

【工作情境描述】

今天周末，由你来负责一家老小的一日三餐。

【工作流程与活动】

在接受工作任务后，首先分析了解家庭成员的饮食喜好，以健康美味为原则，先作出三餐规划，同时熟悉各种常见厨具的使用规范，再配齐食材，并按照计划为全家作好一日三餐。

学习活动1 初探中国饮食文化

（一）学习目标

（1）能熟练说出八大菜系及特点。
（2）能说出至少五个中国饮食文化的基本特点。
（3）能熟练说出至少五种常见烹饪技法。
（4）能熟练说出调味的基本作用。

（二）学习准备

电脑或手机、网络。

（三）学时建议

1学时

（四）中国饮食文化的基本特点

（1）风味多样：八大菜系分别是鲁菜、川菜、粤菜、苏菜、闽菜、浙菜、湘菜和徽菜，巴蜀、齐鲁、淮扬、粤闽饮食各具特色，除"南米北面"之说以外，口味上还有南甜北咸、东酸西辣等特点。

（2）色香味俱全：色不仅指菜的品相好看，还指器具有美感；香是调动味觉的重要动力，讲究未入口先入心；味则是核心。

（3）医食同行：中国饮食文化里，最具特色的莫过于以食预防疾病甚至以食辅助治疗。

（4）刀工细巧：刀工，不仅决定着菜肴造型的美观，而且不同刀法是为了契合不同食材的特点，以适应不同的烹饪方法和火候。

（5）火候独到：火候是决定菜最终口感非常关键的因素。通过看、听、闻等方式并结合丰富的经验来判断火力大小和时间长短。

色香味俱全

（6）技法各异：常见技法有炒、炸、蒸、煮、氽、煎、烩、烧、炖、焖、酱等。

（7）五味调和：中国的调味技艺也是一门高深的学问。调味的基础作用在于去异味、定基调、增香味、赋色泽、灭菌消毒等。

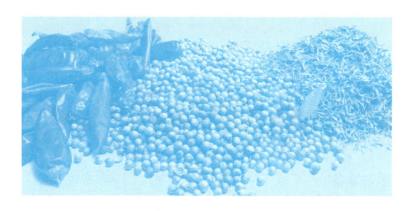

调味料

（五）工作过程

（1）查资料。

（2）梳要点。

（3）同分享。

（4）重总结。

（六）评价与分析

活动过程评价表

班级		姓名		学号		日期/星期	
序号	评价要点			配分	得分	等级	
1	能在规定的时间内自己查阅资料			1		☐A（5~8分） ☐B（3~4分） ☐C（3分以下）	
2	能至少梳理出五个中国饮食文化的基本特点			1			
3	能说出八大菜系			1			
4	能说出至少五种技法			1			
5	能说出调味的作用			1			
6	能说出各个菜系的特点			1			
7	至少参与一次课堂问答或讨论			1			
8	按时完成老师布置的任务			1			
	总分			8			
总评							

学习活动2　常见调料及用法

（一）学习目标

能熟练说出常见调料及用法。

（二）学习准备

电脑或手机、网络。

（三）学时建议

1学时

（四）常见调料及用法

（1）盐：炒菜时建议最后放盐，这样其中的碘不会挥发；但是在炒绿叶菜时建议先放盐，以防绿叶炒蔫之后盐不易溶化，造成菜咸淡不均；为了使菜入味，非绿叶菜可在收汁之前一段时间放盐。

（2）糖：在红烧菜及卤菜中加入少许糖，可以帮助菜肴着色及提鲜。

（3）生粉：调成糊或者汁，用来勾芡或者在余肉时起到嫩肉爽滑的作用。

（4）酱油：老抽用来上色提鲜，适合红烧或焖煮、卤菜等；生抽用来调味，适合凉拌或炒菜。

（5）醋：起去腥、减辣、添香、引甜等作用。

（6）料酒：去腥提香。

调 料

佐料使用的正确顺序：糖→料酒→盐→醋→酱油→味精。

（五）工作过程

（1）查资料。
（2）梳要点。
（3）同分享。
（4）重总结。

常见调味料
使用要点

（六）评价与分析

活动过程评价表

班级		姓名		学号		日期/星期	
序号	评价要点			配分	得分	等级	
1	能说出至少六种常见调料			1		☐A（6~9分） ☐B（4~5分） ☐C（4分以下）	
2	能说出糖的作用			1			
3	能说出生粉的作用			1			
4	能说出老抽的作用			1			
5	能说出生抽的作用			1			
6	能说出醋的作用			1			
7	能说出基本调料的使用顺序			1			
8	至少参与一次课堂问答或讨论			1			
9	按时完成老师布置的任务			1			
	总分			9			
总评							

学习活动3　日常烹饪基础

（一）学习目标

能熟练操作炒菜、烧菜、蒸菜基本技法。

（二）学习准备

食材、厨具。

（三）学时建议

1学时

（四）常见菜肴基本技法

1. 炒菜基本流程

（1）炒素菜。

- 热锅放油，大火。
- 油热后放入葱、姜、蒜等爆香。
- 放菜，翻炒。
- 放盐，翻炒。
- 待菜八成熟时放入其他需要的佐料。
- 起锅前放入鸡精等。
- 起锅。

（2）荤素搭配炒法。

- 肉切丝或片等（肉的切法：横切牛肉，竖切猪肉，斜切鸡肉）。
- 用生抽加料酒及葱姜腌制。
- 热油爆炒，盛盘待用。
- 加入炒好的肉丝或肉片继续翻炒。
- 后续与上述炒素菜流程相同。

2. 烧菜基本流程（以家常红烧肉为例）

（1）准备姜、蒜、葱花，五花肉洗净切块。

（2）冷水上锅，放入五花肉，大火烧开，撇掉浮沫，捞出肉块，沥水备用。

（3）净锅入油烧热，放入冰糖，翻炒变成焦色，放入五花肉翻炒上色。

红烧肉

（4）放入葱、姜、蒜以及香叶、八角、桂皮翻炒，加入料酒、老抽、生抽翻炒上色。

（5）加入清水，漫过肉块，大火烧开，转中火炖煮，炖至汤汁浓稠加入鸡精和盐。

（6）转大火翻炒收汁即可。

3. 蒸菜基本流程（以虾仁蒸鸡蛋为例）

（1）虾仁洗净去虾线，用料酒、生抽腌制，香油封口。

（2）放2个鸡蛋，加盐、老抽、油、凉水搅拌。

（3）蒸锅上水，烧开后放入搅拌好的蛋液，中火蒸5分钟。

（4）开锅，此时蛋液刚刚成型，将腌好的虾仁摆在蛋液上，腌制的汁水也倒入鸡蛋盘中。

（5）加盖继续蒸煮3分钟。

（6）淋上芝麻油调味即可。

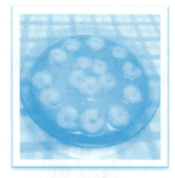

虾仁蒸鸡蛋

（五）工作过程

（1）准备食材。

（2）准备厨具、餐具。

（3）按流程一一完成烧菜、蒸菜和炒菜。

（4）为家人做一顿美味的营养餐。

（六）评价与分析

活动过程评价表

班级		姓名		学号		日期/星期	
序号	评价要点			配分	得分	等级	
1	炒菜基本流程正确			1		□A（6~9分） □B（4~5分） □C（4分以下）	
2	能根据炒菜基本流程选作一个炒菜			1			
3	能根据烧菜基本流程作出一个烧菜			1			
4	能根据蒸菜基本流程作出一个蒸菜			1			
5	佐料使用顺序正确			1			
6	肉类基本刀法正确			1			
7	口感符合家人要求			1			
8	至少参与一次课堂问答或讨论			1			
9	按时完成老师布置的任务			1			
	总分			9			
总评							

学习活动4　常见炊具使用要点及安全常识

（一）学习目标

（1）熟悉铁锅、高压锅、不粘锅使用要点及安全常识。

（2）熟悉电炊具和天然气灶台使用安全常识。

（3）熟悉常用品更换周期。

（4）熟练复述油锅起火正确应对方法。

（二）学习准备

查阅与主题相关的资料。

（三）学时建议

1学时

（四）常见炊具使用要点及安全常识

（1）铁锅：洗锅之后用抹布擦干水或烧干水，以免生锈；严重生锈的铁锅不要使用，因为过量的铁锈会伤害肝脏；尽量不要使用铁锅煮汤，以免造成铁锅保护层损坏。

（2）高压锅。

◆ 密封胶圈：可用软布蘸上洗洁剂擦拭，再用清水冲洗干净后晾干，然后放回锅盖内。注意，切不可用沸水清洗，以免密封胶圈老化变形，也不可使用钢丝球等过硬的东西擦拭，更不能使用醋、食用碱等浸泡清洗。

◆ 烧热揭锅盖时，一定要确保放气阀已经放气完毕。

（3）电饭煲：蒸煮米饭时，米汤容易溢出堵住锅盖气孔，长期不清理，易滋生细菌，因此切不可忽视电饭煲锅盖气孔处的清洗。

（4）不粘锅：不粘锅安全使用温度不超过250℃，锅内涂层遇高温会释放有害物质，因此不宜使用不粘锅煎炸食物；同时，不粘锅使用后不可以立即清洗，需要在冷却之后用温水加中性洗涤剂以软布擦洗干净。

（5）各种电炊具：确保电源安全，并在使用之后及时断电。

（6）天然气灶台使用安全：定时进行专业的安全检查；管道硬化时要及时更换；烧菜时，切记人离开应及时熄火；常开窗透气。

（7）油锅着火的正确处理方法：用锅盖或者能遮住锅的大块湿布盖住油锅，或者将手头的大量蔬菜倒入锅中，并关闭煤气等阀门熄火。千万不要泼水。

（8）常用品更换周期建议：

◆ 抹布：一周更换。

◆ 筷子：三个月更换。

◆ 菜板：六个月更换。

（五）工作过程

（1）说说家里的常用灶具和炊具。

（2）分析常用厨具使用要点和安全要点。

（3）将自己所学分享给家人。

（4）确保自己执行到位。

（六）评价与分析

活动过程评价表

班级		姓名		学号		日期/星期	
序号	评价要点			配分	得分	等级	
1	能熟练说出铁锅使用要点			1			
2	能熟练说出高压锅使用要点			1		□A（6～9分） □B（4～5分） □C（4分以下）	
3	能熟练说出不粘锅使用要点			1			
4	能熟练说出电炊具安全注意事项			1			
5	能熟练说出天然气灶台安全注意事项			1			
6	能熟练说出油锅着火的正确处理方法			1			
7	能熟练说出常用品的更换周期			1			
8	至少参与一次课堂问答或讨论			1			
9	按时完成老师布置的任务			1			
总分				9			
总评							

【学习资源包】

与城市的味觉记忆对话[①]

揪住面团，揉成长条，握紧面刀，切成小块。动作熟练的胡伟伟左手拿着面剂子，右手掌着擀面杖，边转边擀，很快，一张中心厚两边薄的面皮便展开在案板上。紧接着，他一手托面皮，一手取馅料，两指捏合边缘向上微提，掐出褶子挤压打圈。包子成了型，往秤上一摆，"正好80克"。

擀面条、烙大饼、做糕团，对于34岁的安徽合肥刘鸿盛特色小吃技艺非遗传承人胡伟伟来说，只是基本功。可在10年前，他从未想过自己会与白案结缘。"我家过去开大排档。下雨天，摆着摊，父母就在灶台、桌椅间来回转"。小小店铺，喧嚣不断，炉膛里的火苗直往上蹿，家人忙着炒菜装盘的场景，胡伟伟至今记忆犹新。在他看来，学厨累，不轻松，他起初并不想走这条路。

直到2012年，当得知刘鸿盛传统小吃制作技艺快要失传，自己又有机会跟着刘鸿盛的老师傅学习手艺时，怀着留住一代合肥人味觉记忆的念头，胡伟伟下定决心拜师学厨。

早上6点，天还未亮，胡伟伟就到了岗。先制馅，肉切条，去筋膜；再制皮，面粉堆，温水和。冬菇鸡饺这道招牌小吃，他足足学了两年半。"一开始手抖，刀都不敢碰。有时去筋膜时，片着片着刀钝了，还得拿到磨刀石上磨"，胡伟伟回忆，师傅站在一旁，手把手教，哪个步骤稍稍不合格，就会被打回去重做。

日复一日，持刀的虎口磨出了一层厚茧，心中对水和面的掌握却更加有数。一碗汤饺，黄白分明。黄的是鸡汤，浓香四溢；白的是饺皮，薄如蝉翼。勺子一舀，还能看见冬菇和鸡肉。功夫不负有心人，冬菇鸡饺在胡伟伟手中终于可以娴熟而又完美地呈现。

刘鸿盛是个老字号，胡伟伟却是年轻人。在学习传统小吃制作技艺的过程中，他也萌生了不少新点子。"有一回，听到食客闲聊，鲜肉馄饨吃多了怕胖，要是有素菜馅的就好了，还健康"，这给了他启发，他尝试着将荠菜烫熟，菜秆细，容易切，再混合少许肉馅，素菜馄饨顺利做出。从荠菜馄饨到蛋黄烧卖，胡伟伟这个青年厨师，给老字号注入了不少新活力。

[①] 《传承中华饮食文化的年轻人》，《人民日报》，2022年3月20日，有改动。

当地人喜咸，胡伟伟店里不少小吃都注重以盐提味。"一方小吃有一方特色，我们会根据大伙儿的口味，在保持健康的前提下，不断调整配料，以求健康又入味"，胡伟伟说，千百年传承下来的小吃，是一方水土的历史标记，里面也承载着大家的乡愁。通过制作小吃与这个城市的味觉记忆对话，胡伟伟乐在其中。

任务六 起居有序

【学习目标】

（1）能对照作息时间建议，制定自己的作息时间表并按时间表执行。

（2）能有效利用空间对家居设施进行合理归位，做到使用方便、整洁有序。

（3）能对家居物品进行合理收纳。

【建议学时】

3学时

【工作情境描述】

对家居环境进行一次重新规划，并与家人商定后执行；对自己的房间进行一次全面整理，使其整洁有序、干净卫生。

【工作流程与活动】

召开一次家庭会议，说明自己对家居环境重新规划的想法，并讨论商定。分配任务，与家人一起根据商定的规划表对家庭公共活动区域进行重新整理。最后对自己的房间进行全面整理。制定自己的作息时间表，并帮家人制定作息时间表，相互监督按时间表执行。

学习活动1 作息规律

（一）学习目标

按照国际标准作息时间表制定自己的作息时间表，做到作息科学规律；指导家人制定作息时间表，养成健康规律的作息习惯。

（二）学习准备

查阅相关资料。

（三）学时建议

1学时

（四）作息时间表

1. 全球公认健康的作息时间表

起床：7:00前，国际公认健康的起床时间为7:00；

早餐：7:20~8:00；

避免剧烈运动时间：8:30~9:00，此时免疫系统功能最弱，加上刚吃过早餐不久，因此不宜剧烈运动，可以选择步行上班；

做难度大的工作：9:00~10:00，此时是工作、学习的最佳时间，头脑清醒，处理问题效率高；

作息规律

茶歇时间：10:30~11:00，喝水，吃水果，补充能量；

午餐：11:30~12:30；

午睡：13:00~14:00；

做创意性工作：14:00~16:00，午后是人思维最活跃的时间，非常适合做一些创意性工作；

茶歇时间：16:00，可以选择喝杯牛奶或者酸奶等；

做细致的工作：16:10~19:00，身体和大脑都处于一天的巅峰状态，这时候应该做细致而密集的工作。

最佳的运动时间：19:00，晚饭后稍微歇一会儿再开始运动。先散步，再慢跑是非常健康的运动方式。

充电或放松时间：20:00~21:30，看一场电影或者阅读一本书；

洗漱：22:00；

睡觉：22:30。

2. 职业学校学生作息时间安排

职业学校日作息时间安排

内容	时间	说明事项	要求	特殊说明
起床	6:20	听到起床号后起床	迅速	星期一升旗仪式时间：7:45整队，8:00正式开始。学生必须穿校服,团委负责组织、政教检查。每天语文、政治、英语课前用五分钟进行说话训练
洗漱、整理内务	6:20~6:40	整理内务、洗漱	内务整洁	
早操	6:40~7:20	早锻炼	按要求训练	
早餐	7:20~7:50	食堂就餐	自觉排队，就餐时不得说话	
上课预备	7:50~8:00	迅速进入教室	作好上课准备	
早读	8:00~8:30	普通话、英语口语训练等		
第一节课预备	8:35~8:40	上课预备	唱国歌	
第一节至第四节	8:40~12:00	在教室或实训室上课		
午餐	12:00~12:40	食堂就餐	自觉排队，就餐时不得说话	
午休	12:30~14:10	午休	必须上床休息，不得串门	
起床整理内务	14:10~14:20	整理内务	14:20前离开宿舍进教室，不得在宿舍逗留	
第五节课预备	14:25~14:30	上课预备	唱国歌	
第五节至第七节	14:30~16:50	在教室或实训室上课		
课外活动	16:50~17:30	学校组织	按要求开展	
晚餐	17:30~18:00	食堂就餐	自觉排队，就餐时不得说话	
自由活动	18:00~18:40	在校内	不得离校	
晚自习点名	18:40~19:00	各班到教室点名，再到指定地点上晚自习	严格统计，及时上报	
晚自习	19:00~20:50	自习或实训	按要求开展	
自由活动	20:50~21:20	根据自身情况进行活动	不得离校或进入寝室	
晚点名	21:20~21:40	未到人员登记	食堂排队，就餐时不得说话，不吃的学生进入寝室	
洗漱	21:40~21:50	洗漱	必须在本寝室，不得串门和吵闹	
就寝准备	21:50~22:00	熄灯准备	上床	
晚查铺、就寝	22:00	未到人员登记	及时向班主任反馈	

（五）工作过程

（1）阅读国际标准作息时间表。

（2）结合自己情况，参照标准制定作息时间表。

（3）指导家人制定作息时间表。

（4）与家人相互监督执行。

（六）评价与分析

活动过程评价表

班级		姓名		学号		日期/星期	
序号	评价要点		配分	得分		等级	
1	能复述国际标准作息时间表		1				
2	结合个人实际制定了自己的作息时间表		1				
3	指导家人制定了作息时间表		1				
4	执行时间表打卡21天		1			□A（6～9分）	
5	监督并记录家人执行情况		1			□B（4～5分）	
6	打卡失败的修正措施		1			□C（4分以下）	
7	执行修正措施		1				
8	至少参与一次课堂问答或讨论		1				
9	按时完成老师布置的任务		1				
	总分		9				
总评							

学习活动2　设施整洁

（一）学习目标

对家居环境进行重新规划并实施。

（二）学习准备

预留时间。

（三）学时建议

1学时

（四）设施整洁基本原则

（1）坚决丢弃多余设施及物品。

（2）有效利用拐角、凹陷、门口等空间。

（3）购置储物专用柜、收纳柜等。

（4）设施与空间的尺寸相符。

整洁干净

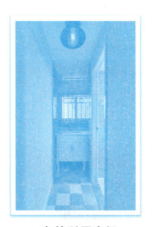
有效利用空间

（5）讲究整体风格统一协调。

（6）取用方便。

干净整洁

（五）工作过程

（1）对家居现有设施进行一次盘点。

（2）对现有家居设施进行一次评估，与家人一起商定需要丢弃的多余设施。

（3）与家人一起商定准备采购的设施。

（4）按照规划，让新旧家居设施重新归位。

（5）上交作业：整理之前的照片或短视频；整理之后的照片或短视频。

（六）评价与分析

活动过程评价表

班级		姓名		学号		日期/星期	
序号	评价要点			配分	得分	等级	
1	列出现有家居清单			1		□A（6～9分） □B（4～5分） □C（4分以下）	
2	评估，并商定需要丢弃的设施			1			
3	商定准备采购的设施			1			
4	制定新旧家居设施摆放计划			1			
5	与家人商定家居摆放计划			1			
6	按计划执行			1			
7	整洁有序，效果明显			1			
8	至少参与一次课堂问答或讨论			1			
9	按时完成老师布置的任务			1			
	总分			9			
总评							

学习活动3　物品井然

（一）学习目标

熟练复述收纳基本原则，养成每天及时整理的习惯和定期大清理的习惯。

（二）学习准备

预留时间。

（三）学时建议

1学时

（四）收纳基本原则

（1）整齐美观方便。

（2）物归原处，定期清理。

整齐美观、物品取用方便

（3）台面整洁干净，能收起来的绝不摆在台面上。

（4）合理规整物品，该丢的及时丢弃。

（5）把物品摆放在使用地点的附近。

（6）使用频率高的放在前面和最容易取用的地方。

（7）合理利用收纳容器。

（8）折叠、直立、集中、四方形摆放。

桌面干净

（五）工作过程

（1）根据收纳原则，对家居所有物品进行一次盘点。

（2）准备三块区域用于摆放下述物品：直接丢弃的、需要保留的、犹豫不定的。

（3）将所有物品按上述分类依次放到相应的区域。

（4）清理掉直接丢弃的。

（5）对犹豫不定的物品作出决定：丢弃或保留。

（6）清理掉需要丢弃的。

（7）对保留的物品按照收纳基本原则进行重新放置。

（8）检查调整。

（9）日常维护。

（10）定期清理。

（11）拍图片或视频，展示整理前的状况、整理的工作过程及整理后的效果。

（六）评价与分析

活动过程评价表

班级		姓名		学号		日期/星期	
序号	评价要点		配分	得分	等级		
1	熟练复述收纳基本原则		1		□A（6~10分） □B（4~5分） □C（4分以下）		
2	整理过程中划分了三块区域		1				
3	按照工作过程执行		1				
4	台面干净整洁		1				
5	物品摆放有序		1				
6	柜子里面整洁干净		1				
7	取用方便		1				
8	总体效果明显		1				
9	至少参与一次课堂问答或讨论		1				
10	按时完成老师布置的任务		1				
	总分		10				
总评							

【学习资源包】

整理生活　收纳幸福[①]

近几年,"断舍离"的生活理念逐渐流行起来。这本是一件好事,可是大家在践行的过程中却是"灾难连连":明明要用的物品因为"断舍离"而被轻易地丢掉,再次需要时只好去买新的;虽然一直在那儿,但很多年都未用过的东西,却舍不得丢弃……究其原因在于大多数人们都有选择困难症。所以我们会乱扔、错扔,甚至为了追求所谓的"断舍离"而"清空"了整个房间。

事实上,一味追求"断舍离"并非正确的做法,合理的收纳才是生活的真实模样。如果没有掌握正确的收纳方法,即使满屋是柜子,收纳问题也得不到彻底解决。因此,需要我们踏出整理的第一步。万事开头难,当我们迈出整理的第一步,明白了整理的乐趣时,接下来的事情就容易多了。

记住收纳四部曲:归类、精简、定位、设计。第一步:归类。在进行储存收纳之前,需要先对所有物品进行分类,每个人可以根据自己的喜好分类,可以按照功能分类,也可以依据使用频率分类,还可以依照颜色或者其他分类。第二步:精简。接下来要精简物品,用"自我中心主义"代替"物品中心主义"。我们须重新审视自己和物品的关系,选择物品遵循"我所必需、合适于我、令我舒适"的标准来执行。第三步:定位。当我们完成前期工作后,就要给物品定位。例如,客厅区域收纳客厅物品、卧室以收纳寝具和衣物为主、厨房则主要收纳厨具及各类食物,最好不要将所有东西都堆放一个地方,应在分类的基础上进行物品定位。第四步:设计。大致确定好什么类型的物品归于什么样的生活区域,然后对区域性收纳进行规划设计,利用隐藏手法化整为零,将物品隐藏于生活周遭,赋予收纳空间以另一个显性功能。

整理收纳对于每个人的意义都不尽相同,但是却展现了人们真实的需求。虽然整理收纳的是物品,但它也是人们对自己内心的一种梳理。懂得收纳的艺术和重要性,才能够在柴米油盐的世俗中愉悦地生活。

[①] 靖明:《整理生活　收纳幸福》,《工会博览》,2021年第18期,有改动。

校园劳动篇（新能手）

校园劳动规范化　奠基出彩职业人生

篇首语

　　苏联教育家苏霍姆林斯基说过，劳动的欢乐是一种巨大的教育力量，每个孩子在童年时代都应深刻体验这种高尚的情感。劳动教育是学校教育的重要组成部分，也是素质教育的重要内容。组织好学校劳动教育实践，充分发挥劳动教育的综合育人功能，在强化学生劳动锻炼的同时，使学生获得多种劳动体验，让他们在集体劳动中提升个人生活技能和日常事务的处理能力，在校园劳动中感受生活的乐趣，形成良好的劳动素养和正确的劳动态度，是职业教育"做中学"和"学中做"育人的升华。

任务七 做绿色低碳践行者

【学习目标】

（1）认识环境保护与绿色低碳的重要意义。

（2）践行低碳校园生活，开展绿色环保行动。

（3）从身边小事做起，主动作好节能减排。

（4）树立垃圾分类意识，掌握垃圾分类的要求与方法。

【建议学时】

3学时

【工作情境描述】

2023年全国节能宣传周为7月10日至16日，主题是"节能降碳，你我同行"。近期，班级准备组织策划以"节能降碳"为主题的节能环保活动。

【工作流程与活动】

查找相关资料，了解全国节能宣传周活动的内容和要求，积极行动起来，组织开展丰富多样的节能宣传活动，努力提升学生的资源意识、节能意识和环保意识。

学习活动1 绿色低碳校园生活

（一）学习目标

（1）了解低碳和低碳生活的意义与内涵。

（2）学习低碳校园生活的主要内容和基本要求。

（3）践行绿色低碳，弘扬绿色环保生活风尚。

（二）学习准备

网络。

（三）学时建议

1学时

（四）绿色低碳校园生活

如今，简约适度、绿色低碳、文明健康的生活方式已然成为潮流。越来越多的青年人都积极通过自身行动为降低碳排放贡献力量，比如，拒绝过度包装、反对餐饮浪费、践行"光盘行动"……梳理我们的生活，可以说，从日常出行，到一箪食、一瓢饮，点点滴滴，绿色低碳无处不在。

1. "绿色"与"低碳"

"绿色"是生态环境特有的颜色，代表生命、节能、环保。与绿色有关的活动和物品，不仅有益于人的健康生活与发展，如绿色消费、绿色标志、绿色食品等，而且有利于生态环境建设，如绿色贸易、绿色技术、绿色产业等。

低碳，意指较低（更低）的温室气体（以二氧化碳为主）排放。近年来，"低碳""碳足迹"等词汇成为国内外的热门用语，这里的"碳"主要指二氧化碳气体。低碳，作为一种以低能耗、低污染、低排放为基础的生产和生活方式，可以有效减少有害气体的排放，从而降低对环境的不良影响。

2. 何为"低碳生活"

低碳生活，就是将生活中所耗用的能量尽量减少，降低二氧化碳排放量，从而减少对大气的污染，减缓生态恶化。具体地说，低碳生活就是在不降低生活质量的前提下，通过改变生活方式，充分利用高科技和清洁能源，减少煤、石油、天然气等化石燃料的耗用，减少能耗，降低二氧化碳排放量。

低碳生活

为普及气候变化知识，宣传低碳发展理念和政策，鼓励公众参与，推动落实控制温室气体排放任务，自2013年起，我国将全国节能宣传周的第三天设立为"全国低碳日"。2022年6月15日是第十个"全国低碳日"，主题是"落实'双碳'行动，共建美丽家园"。

低碳，对于青少年学生来说，既是一种生活态度，也是一种力所能及的生活方式。它倡导学生从自己的校园生活做起，坚持"低碳环保"理念，从点滴做起，从身边的小事做起。

3. 什么是低碳校园

低碳校园建设需要树立绿色人文理念，推进绿色科技创新，在绿色校园建设、绿色教育与节能减排等方面共同发力。就绿色校园建设而言，主要包括以下内容。

（1）校园环境生态优先。全面了解规划区域内自然资源、生态环境与校园活动的联系，对校内建筑进行合理的规划设计，追求校园整体环境的优化与和谐，强调各部门、各层面之间的协调，使校园内资源得到最大限度的利用，校内办公、教学、生活等建筑与当地环境形成一个有机结合的整体，实现学校的可持续发展。

（2）实现校园数字化。在校园建设中，重视弱电工程建设，运用网络加强校园与社会的联系，让校园以互联网为基础，达成与社会的信息共享，最终实现数字化教学、数字化资源管理等。

（3）建设节约型校园。建设低碳校园，离不开低碳建筑。低碳建筑是指在建筑材料与设备制造、施工建造和建筑物使用的整个生命周期内，减少化石能源的使用，提高能效，降低二氧化碳排放量。学校推行绿色低碳校园，在采暖、制冷、电力等方面可考虑使用太阳能、地热能等可再生能源；校园建筑使用的光源尽量选用节能灯、LED等低耗能产品，某些建筑可以采用光导管照明技术，以满足建筑物对自然采光的需求；在建筑屋面、墙体周围、外窗上种植植被，须保持与周围生态环境的融合，以减少对大自然的侵扰。

（4）通过校园碳汇来减碳。对校园内的土地进行合理规划，确保一定数量和质量的植被，以保证校园内部的碳汇。采用覆草屋顶、平台花园、垂直绿化等方式减小建筑物的热（冷）负载，同时吸收二氧化碳，为校园碳汇减排作出贡献。此外，学校还可以加强对碳捕获、碳埋存技术的研发与推广，适时通过碳捕获、碳埋存技术进行碳汇减排。

4. 低碳校园，从身边的小事做起

践行绿色低碳，需要用实际行动来传播绿色低碳发展理念，恪守环保、绿色、节俭和可持续原则，弘扬绿色环保生活风尚，从校园生活的小处与细节做起。

（1）图书。一学年结束，每位同学都会积攒一些闲置的书本，有的同学会把这些闲置的书本收集起来，当作废品卖掉；有的同学则将它们闲置于角落。其实，它们完全是可以利用的资源。如同学们可以将旧书收集起来，相互交换阅读，或者送给下一届新生使用，从而使图书资源得到充分利用。

（2）服装。一件衣服从原材料到生产、制作、运输、使用以及废弃后的处理，都在排放二氧化碳并对环境造成一定影响。为减少衣服的碳排放量，我们可以从以下几方面做起：减少服装购买，进行旧衣翻新；选择环保面料和购买环保款式的服装；减少洗涤次数，采用环保方式进行洗涤；将衣服捐助或转赠给其他有需要的人。

（3）粮食。勤俭节约，文明就餐，杜绝"舌尖上的浪费"，不盲目攀比，不过度消费，按需购餐，拒绝铺张。以"光盘"为荣、"剩宴"为耻，剩菜要打包，减少奢侈浪费。积极向身边的亲朋好友宣传节约粮食、拒绝浪费的好做法，对于浪费粮食的行为，坚决予以制止，自觉维护节俭用餐的良好风气。倡导均衡饮食，注意膳食平衡，拒绝暴饮暴食和"野味诱惑"，吃出健康、吃出营养，用实际行动践行健康绿色的生活方式。

（4）生活用品。一次性塑料制品，如餐具、塑料袋，给我们的生活带来了极大的便利，但同时也隐藏着巨大的危害。一次性用品对人体健康危害很大，同时，原材料及其生产都消耗大量的资源，后续如果对这些塑料制品进行焚烧处理，还会给环境造成严重的二次污染。因此，同学们要主动拒绝白色污染，停止使用不可降解的一次性制品，在食堂就餐、日常生活中不使用一次性餐具，自备可重复使用的餐具、水杯和环保袋。

（5）交通。日常出行，采用低能耗、低污染的绿色出行方式，尽量减少碳足迹与二氧化碳排放，我们可以选择对环境影响最小的出行方式，努力降低自己出行中的碳排放，比如，步行的碳排放小于自行车，自行车小于地铁，地铁小于公共汽车，公共汽车小于小汽车，小汽车小于飞机。日常生活中应选用自行车、电动车或公交车、拼车、徒步等低碳出行方式，既有利于保护环境，也能锻炼身体。

（6）环境。校园绿化不仅具有美化校园、净化空气、调节气温、降低噪声、促进身体健康等多方面功能，而且能为广大师生营造一个清静幽雅、舒适安逸的学习、工作和生活环境，因此，我们要以实际行动来保护校园绿化，净化校园环境，做到不乱扔纸屑、果皮，垃圾分类处理，珍爱各种公物，爱护校园绿植，不攀折花草树木，共建绿色校园。

此外，注意身边小事，勤动手动脑，也可以实现低碳生活。例如，将废弃的盒子，如快递纸箱等稍加裁剪，制作成储物盒，把废旧的衣物、毛巾改造成抹布等；不频繁更换文具，用自动铅笔代替普通铅笔，积极回收废纸；学校所有教室做到人走灯灭、人走扇停；随手关闭各类电器的电源，避免使它们处于待机状态；自备水壶，少喝瓶装水；少用纸巾，重拾手帕，保护森林；将食物的废料、残渣，用作植物肥料；参加植树造林活动，争做绿色文明使者；购买包装简单的商品，选购绿色产品、绿色食物，倡导绿色消费……这些看似不经意的小事，却都是在为"减碳"作贡献。

常见环保图示标志

习近平总书记在党的二十大报告中指出："尊重自然、顺应自然、保护自然，是全面建设社会主义现代化国家的内在要求。必须牢固树立和践行绿水青山就是金山银山的理念，站在人与自然和谐共生的高度谋划发展"，"推动绿色发展，促进人与自然和谐共生"。节能减排、绿色低碳是落实党的二十大精神的重要举措，是全社会的共同责任。新时代的青年学生是社会中最积极、最活跃、最有担当的环保力量，要自觉做绿色低碳的宣传者，牢固树立绿色校园理念，让绿色低碳成为青年的自觉行动；要争做绿色校园的实践者，积极投身于共创绿色校园的行动，引导大家衣食无忧而又不忘艰苦；要争做绿色校园的引领者，在全校绿色发展等方面发挥示范作用，为共创绿色校园、推进生态优先和绿色低碳发展添砖加瓦；要争做绿色校园的创新者，充分利用专业优势，积极开展节能减排科技创新的探索和实践研究，通过小发明、小设计、小革新、小改造、小建议等，争做校园节能的创新者。

（五）工作过程

（1）利用网络查找有关绿色低碳的资料，收集践行绿色低碳的优秀案例和具有代表性的做法。

（2）梳理知识要点。

（3）践行绿色低碳，弘扬绿色环保生活风尚。

（4）与同学分享自己对绿色低碳环保行动的感悟。

（六）评价与分析

活动过程评价表

班级		姓名		学号		日期	
序号	评价要点		配分	得分	等级		
1	围绕低碳环保，查找学习资料		1		□A（9~10分） □B（7~8分） □C（6分以下）		
2	了解低碳生活的意义和内涵		1				
3	掌握低碳校园生活的具体要求和做法		2				
4	从身边的小事做起，践行绿色低碳		4				
5	交流对绿色低碳环保行动的感悟		1				
6	按时完成老师布置的任务		1				
	总分		10				
总评							

学习活动2　培养节能环保意识

（一）学习目标

（1）学习碳达峰、碳中和的基本概念。

（2）了解节能减排的重要意义。

（3）掌握节约用水、用电、用纸以及节约粮食的具体做法。

（二）学习准备

网络。

（三）学时建议

1学时

（四）培养节能环保意识

气候变化是人类面临的全球性问题，气候危机的影响范围越来越大，造成的影响也越来越严重，我们正在经历热浪、洪水、干旱、森林火灾和海平面上升等一系列灾害性事件。"碳"就是由碳元素构成的自然资源。"碳"耗用得多，导致地球变暖的元凶——二氧化碳就制造得多。

1. 节能减排的意义

节能减排就是节约能源、降低能源消耗、减少污染物排放。开展节能减排，是应对全球气候变化的迫切需要。《中华人民共和国节约能源法》所称节约能源（以下简称"节能"），是指加强用能管理，采取技术上可行、经济上合理以及环境和社会可以承受的措施，从能源生产到消费的各个环节，降低消耗、减少损失和污染物排放、制止浪费，有效、合理地利用能源。同时，《中华人民共和国节约能源法》还指出，"节约资源是我国的

节能减排

基本国策。国家实施节约与开发并举、把节约放在首位的能源发展战略"。节能环保并不是我们喊几句口号就可以实现的，它需要我们真正在实际生活中去改善，从日常生活中的每一件小事做起。

新近的研究表明：社会工业生产造成的污染只占污染源的41%，现代家庭造成的污染却占59%。虽然家庭只是社会的一个细胞，但就污染的危害程度来说，家庭的占比更大。

2. 节能环保，从我做起

（1）节约用电。节约每一度电，科学合理地用电，我们可以这样做。

第一，空调。

◆ 设定空调的最佳温度。另外，冷空气通常容易往下走，所以在制冷时保持空调出风口向上，这样制冷效果会更好。

◆ 合理开关空调。空调启动时产生的电流较大，频繁开关空调是较为耗电的操作。可以使用定时和睡眠功能，减少电器重启次数，以节约用电。

◆ 定期清洗空调过滤网。空调过滤网上的灰尘过多会影响空调风扇的运转，增加耗电量。每两至三周清洗一次过滤网，不仅会使空调制冷效果更好，还能节省2%~5%的电量。

第二，冰箱。

◆ 定期除霜。冰箱里的霜太厚，会产生很大的热阻，不仅影响制冷效果，而且会使冰箱更耗电。此外，有些冰箱的排水孔堵塞也会增加耗电量。定期除霜、清理排水孔，有省电奇效。

◆ 冰箱内不宜装太满的食物。冰箱内宜存放80%的食物，食物周边留出一定空隙，以保障冰箱内空气流通，可加快降温，达到省电的效果。

◆ 减少开冰箱门次数和时间。开冰箱门时间的长短直接影响压缩机连续工作的时长和冰箱耗电量。长时间、频繁地开关冰箱，非常耗电。

第三，电视机。

◆ 控制好音量和亮度。电视音量越大、屏幕亮度越高，耗电量就越大，适当调低音量和亮度，既保护耳朵和眼睛，又能省电。

◆ 不用时拔掉电源插头。有些电视机关闭后，处于待机状态仍在用电。所以，关机以后最好将电源插头拔下，这样既节能，又安全。

◆ 关闭机顶盒上的开关。机顶盒在待机状态下一个月能消耗约10度电。因此，在不使用电视机时，应关闭机顶盒上的开关，拔掉插头。

此外，把白炽灯改成LED光源，在同样的亮度下，LED灯的耗电量只有白炽灯的十分之一，但寿命却是白炽灯的50倍。再如，选用无氯绿色环保家电和太阳能家电，既节能环保，又安全方便。

（2）节约用水。我们每个人都应充分认识节约用水的重要性和紧迫性，呵护生命之源，自觉树立节约用水的观念。根据《公民节约用水行为规范》，我们可以从以下几方面做起。

◆ 了解水情状况，树立节水观念。懂得水是万物之母、生命之源，明白节水即开源增效、节水即减排降损；了解当地水情水价，关注家庭用水节水情况；提升节水文明素养，履行节水责任；强化节水观念，争当节水模范；以节约用水为荣，以浪费用水为耻。

◆ 掌握节水方法，养成节水习惯。按需取用饮用水，带走未喝完的瓶装水；洗漱间隙关闭水龙头，合理控制用水量；使用洗衣机清洗衣物时应集中洗涤，小件少量物品宜手洗；对于有油污的餐具，应先擦去油污再清洗，不用长流水解冻食材；正确使用坐便器的大小水按钮，不把垃圾扔进坐便器；洗车宜用回收水，控制用水量和频次；浇灌绿植要适量，多采用喷灌和滴灌的方法；适量使用洗涤剂，减少清洗用具所需水量；家中备有盛水桶，浴前冷水要留存；暖瓶中的剩水不倒掉，其他剩水再利用；优先选用节水型产品，关注水效标识与等级；检查家庭供用水设施，更换已淘汰的用水器具。

◆ 弘扬节水美德，参与节水实践。宣传节水洁水理念，传播节水经验知识；倡导节水惜水行为，营造节水护水风尚。志愿参与节水活动，制止不良用水现象；发现水管漏水，及时报修；发现水表损坏，及时报告；发现水龙头未关紧，及时关闭；发现浪费水行为，及时劝阻。

（3）节约用纸。怎样做到节约用纸呢？由生态环境部、中央文明办等五部门联合发布的《公民生态环境行为规范（试行）》，就为我们列出了一系列节约用纸的行为规范。如在工作中，尽量使用环保打印纸进行打印，打印时选择双面而不是单面打印；使用电脑、手机传阅常规文件，做到无纸化办公。学习中，将旧练习本中未使用的纸张或背面为空白的纸张装订起来，制成草稿本，充分利用每一张纸。日常生活中，尽量用手帕、毛巾代替纸巾擦拭物品等，购物时携带环保袋，少用纸质包装袋，拒绝对商品过度包装。多使用茶杯喝水，减少一次性纸杯的使用量。环保无小事，细节最重要，只有在生活中处处留心，才能真正养成节约用纸的好习惯。

另外，购买使用再生纸，也是一种低碳环保的好行为。因为再生纸的原料有80%来源于回收的废纸，所以它又被誉为低能耗、轻污染的环保型用纸。由于再生纸中不添加增白剂、荧光剂等化学品，它会呈现微微发黄的颜色，这样的纸做成的练习本，有利于保护眼睛。

节约用纸是保护森林、实现人与自然和谐共生的有力措施之一。为此，我们倡议，从我做起，从身边事做起，节约每一张纸、呵护地球。

（4）节约粮食。粮食安全是"国之大者"。当前，我国粮食总产量连续多年保持稳定，中国人的饭碗已牢牢端在自己手中。尽管如此，我们仍需居安思危，"常将有日思无日，莫待无时思有时"，同时，虽然我国粮食价格、供给总体稳定，但浪费问题也必须引起我们重视。据初步测算，2020年我国仅餐桌食物浪费量就在1700万至1800万吨之间，相当于3000万到5000万人一年的口粮。这个数据令人触目惊心，同时也警示我们要拒绝舌尖上的浪费，适量点餐，将光盘行动落实到每一餐上。

2021年4月，《中华人民共和国反食品浪费法》出台，为治理食物浪费提供了法律依据。2021年11月，中共中央办公厅、国务院办公厅发布《粮食节约行动方案》，进一步强调坚决遏制餐饮消费环节浪费、加强节粮减损宣传教育引导。

一粥一饭，当思来处不易；半丝半缕，恒念物力维艰。我们应当树立勤俭节约光荣、铺张浪费可耻的意识，积极倡导文明用餐的新理念、新习惯、新风尚。理性消费，按需点餐。倡导"吃多少点多少"的理性消费理念，积极践行"光盘行动"，厉行节约，拒绝"剩宴"。

（五）工作过程

（1）利用网络查找更多关于节能减排的资料。

（2）梳理知识要点。

（3）身体力行，节约用水、用电、用纸，节约粮食。

（4）与同学分享自己对开展节能减排行动的感悟。

（六）评价与分析

活动过程评价表

班级		姓名		学号		日期	
序号	评价要点			配分	得分	等级	
1	能在规定的时间内查阅相关资料			1		□A（9～10分） □B（7～8分） □C（6分以下）	
2	了解碳达峰、碳中和的基本概念			2			
3	了解节能减排的重要意义			2			
4	掌握节约用水、用电、用纸以及节约粮食的具体做法			2			

续表

序号	评价要点	配分	得分	等级
5	与同学分享自己对日常开展节能减排行动的感悟	1		
6	按时完成老师布置的任务	2		
	总分	10		
总评				

学习活动3　正确认识垃圾分类

（一）学习目标

（1）学习《生活垃圾分类标志》标准。

（2）掌握垃圾分类的操作方法。

（3）了解垃圾分类处理流程。

（二）学习准备

网络。

（三）学时建议

1学时

（四）正确认识垃圾分类

1. 何为垃圾分类

垃圾分类，是指按一定规定或标准对垃圾进行分类储存、分类投放和分类搬运，从而使之转变成公共资源的一系列活动的总称。分类的目的是提高垃圾的资源价值和经济价值，力争物尽其用。

垃圾分类

随着人们物质生活的极大丰富和消费需求的快速增长，生产生活产生的垃圾量快速增加。据报道，每人每天平均要产生1千克垃圾，大量的垃圾未经分类回收再使用，任意弃置，会造成环境污染。

2. 垃圾分类的意义

（1）减少对土地的侵蚀。生活垃圾中有些物质不易降解，会使土地受到严重侵蚀。垃圾分类对那些不易降解的物质进行分类处理，从而减少对土地的侵蚀。

（2）减少污染。我国的垃圾处理多采用简易填埋的方式，占用了大量土地，并且对环境造成严重污染。废弃塑料不仅能造成农作物减产，而且被动物误食，还会导致动物死亡。因此，对垃圾进行分类处理可以保护生物多样性。

垃圾分类有哪些好处

减少环境污染　　可以变废为宝　　减轻清洁工工作量　　减少占地面积　　减少CO_2排放量　　有效利用资源

垃圾分类好处多

（3）变废为宝。回收1500吨废纸，可少砍伐用于生产1200吨纸的林木。1吨易拉罐熔化后能结成1吨很好的铝块，可少采20吨铝矿。而且垃圾中的其他物质也能转化为资源，如食品、草木和织物可以堆肥，生产有机肥料；焚烧垃圾可以用来发电、供热或制冷；砖瓦、灰土可以加工成建材等。可见，如果及时对消费环节产生的垃圾进行分类，使它们回收再利用是解决垃圾问题的最好途径。

由此可见，垃圾分类的好处是显而易见的。垃圾分类后被送到工厂而不是填埋场，既减少了占地面积，又避免了因填埋或焚烧垃圾所产生的污染，还能变废为宝。

因此，垃圾分类处理具有社会、经济、生态三方面效益。

垃圾分类　保护环境

3. 垃圾分类新时尚

你知道一份外卖食用完将其垃圾扔掉正确的做法有几步？答案是需要三步：第一步，把餐盒里没有吃完的汤水倒进下水道；第二步，将食物残渣单独放进厨余垃圾篓中；第三步，把外卖餐盒、一次性餐具放入其他垃圾篓中。

目前，我国加速推行垃圾分类制度，2019年11月15日，住房和城乡建设部发布新版《生活垃圾分类标志》标准，已于2019年12月1日起正式实施。新标准将生活垃圾类别调整为可回收物、有害垃圾、厨余垃圾和其他垃圾四大类。全国垃圾分类工作由点到面逐步展开，成效初显，46个重点城市先进行试点，推进垃圾分类取得积极进展。

4. 垃圾分类标准

垃圾分类标志

标准主要是根据垃圾的成分构成、产生量，结合垃圾的资源利用和处理方式对生活垃圾进行分类，一般分为：

（1）有害垃圾。有害垃圾指生活垃圾中对人体健康或自然环境造成直接或潜在危害的物质，必须单独收集、运输、存贮，由环保部门认可的专业机构进行特殊的安全处理。

有害垃圾含有对人体健康有害的重金属、有毒物质或者对环境造成直接危害或者潜在危害的废弃物，对于这些垃圾，一般采用单独回收或填埋处理的方式。

（2）可回收物。可回收物就是再生资源，指生活垃圾中未被污染、适宜回收循环利用的废物。这些垃圾经过综合处理回收利用，可以减少污染，节省资源。

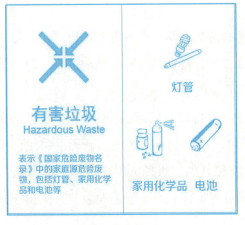

有害垃圾　　　　　　　　　　　　　可回收物

（3）厨余垃圾。厨余垃圾包括食堂、宾馆、饭店等产生的餐厨垃圾，农贸市场、农产品批发市场产生的蔬菜瓜果垃圾、腐肉、肉碎骨、蛋壳、畜禽内脏等。

居民家庭日常生活中产生的菜帮、菜叶、瓜果皮壳、剩菜剩饭、废弃食物等易腐性垃圾，经生物技术就地处理堆肥，每吨可生产0.6～0.7吨有机肥料。

（4）其他垃圾。其他垃圾指除可回收物、有害垃圾、厨余垃圾外的生活垃圾，即环卫体系主要收集和处理的垃圾。

厨余垃圾　　　　　　　　　　　　　其他垃圾

大块骨头因为难腐蚀被列入其他垃圾。玉米核、坚果壳、果核、鸡骨等则是厨余垃圾。

厕纸、卫生纸遇水即溶化，不算可回收的"纸张"，类似的还有烟盒等。

餐厨垃圾袋：常用的塑料袋，即使是可以降解的也比厨余垃圾要难腐蚀。此外，塑料袋本身是可回收垃圾。正确的做法是将厨余垃圾倒入垃圾桶，塑料袋再放入可回收垃圾桶。

尘土：在垃圾分类中，尘土属于其他垃圾，残枝落叶则属于厨余垃圾，包括家里开败的花等。

5. 垃圾分类操作方法

（1）可回收物。投放可回收物时，尽量保持物品清洁干燥，避免污染；立体包装物应先清空内容物，再将立体包装压扁投放；易破损或有尖锐边角的物品应包裹后投放。

举例：

①废纸张。例如：报纸、纸箱、书本、纸塑铝复合包装、信封、纸袋。

②废塑料。例如：塑料瓶、玩具、油桶、乳液罐、食品保鲜盒、泡沫塑料、衣架。

③废玻璃制品。例如：酒瓶、玻璃放大镜、玻璃杯、窗玻璃、碎玻璃。

④废金属。例如：易拉罐、锅、螺丝刀、刀、指甲钳、刀片。

⑤废织物。例如：皮鞋、衣服、床单、枕头、包、毛绒玩具。

⑥其他。例如：电路板、电线、插座、木质积木、砧板。

（2）有害垃圾。分类投放有害垃圾时，应注意轻放。易破碎的物品和废弃药品须包装或包裹后投放；压力罐装容器要排空内容物后投放。

公共场所产生的、没有对应收集容器的有害垃圾，应携带至相应投放点妥善投放。

举例：

①废镍镉电池和废氧化汞电池。例如：充电电池、镍镉电池、铅酸电池、蓄电池、纽扣电池。

②废荧光灯管。例如：荧光灯管、节能灯管、卤素灯管。

③废药品及其包装物。例如：过期药品、药品包装、药片、过期胶囊药品。

④废油漆、溶剂及其包装物。例如：染发剂壳、废油漆桶、洗甲水、过期指甲油。

⑤废含汞温度计、血压计。例如：水银血压计、水银体温计。

⑥废杀虫剂、消毒剂及其包装物。例如：消毒剂、老鼠药、杀虫喷雾。

⑦废胶片及相纸。例如：X光片等感光胶片、相机底片。

（3）厨余垃圾。厨余垃圾从产生时起就要与其他垃圾分开放置。投放前尽量沥干水分，有外包装的则须去除外包装投放。

公共场所产生的、没有对应收集容器的厨余垃圾，应携带至相应投放点妥善投放。

举例：

①食材废料。例如：谷物及其加工食品、肉蛋及其加工食品、水产及其加工食品、蔬菜、调料、酱料。

②剩饭剩菜。例如：火锅汤底、鱼骨、碎骨、茶叶渣、咖啡渣、中药药渣。

③过期食品。例如：糕饼、糖果、风干食品、粉末类食品、宠物饲料。

④果皮果核。例如：水果果肉、水果果皮、水果茎枝、果实。

⑤花卉植物。例如：家养绿植、花卉、花瓣、枝叶。

（4）其他垃圾。除可回收物、有害垃圾、厨余垃圾以外的其他生活废弃物。

垃圾分类 从我做起

举例：餐巾纸、卫生间用纸、尿不湿、狗尿垫、猫砂、烟蒂、污损纸张、干燥剂、无损塑料、尼龙制品、编织袋、防碎气泡膜、大骨头、硬贝壳、毛发、灰土、炉渣、橡皮泥、太空沙、陶瓷花盆、带胶制品、旧毛巾、一次性餐具、镜子、陶瓷制品、竹制品、成分复杂的制品。

6. 垃圾分类处理流程

（1）垃圾收集。收集垃圾时，应做到密闭收集、分类收集，防止对环境造成二次污染，收集后须及时清理作业现场，对放垃圾的容器和垃圾桶及时加以清洁。如果不是用垃圾压缩车直接收集垃圾，应在垃圾收集容器中放入垃圾袋，由保洁员进行密闭处理。

（2）投放前。纸类尽量叠放整齐，不要将它们揉成团；瓶罐类物品应在用完容器内产品，并清理干净容器后再投放；厨余垃圾做到袋装、密闭投放。

（3）投放时。根据垃圾分类标志的提示，将垃圾分别投放到指定地点和容器中。玻璃类物品应小心轻放，以免破损。

（4）投放后。注意盖好垃圾桶上盖，以免垃圾污染周围环境，造成蚊蝇滋生。

（五）工作过程

（1）利用网络查找垃圾分类的相关资料。

（2）梳理知识要点。

（3）按照《生活垃圾分类标志》标准，作好生活垃圾分类。

（4）与同学分享关于垃圾分类的感悟，弘扬垃圾分类新风尚。

（六）评价与分析

活动过程评价表

班级		姓名		学号		日期	
序号	评价要点			配分	得分	等级	
1	了解垃圾分类的必要性和意义			2		☐A（9~10分） ☐B（7~8分） ☐C（6分以下）	
2	了解我国《生活垃圾分类标志》标准			2			
3	日常生活中能够对垃圾做到分类处理			2			
4	能列举三种以上有害垃圾，并知晓如何投放			2			
5	能列举三种回收利用率高的生活垃圾，并说明用途			2			
	总分			10			
总评							

【学习资源包】

希望之海　绿色传承[1]

在茫茫的长白山林海，有一位爱林如命的老人，他就是被誉为"植树愚公"的赵希海。2017年，老人因病逝世，但层峦叠翠的山林记录着他播种绿色的足迹，川流不息的松花江传承着不朽的"希海精神"。

赵希海是红石林业局批洲林场的一名工人，1989年正式退休后，全身心投入植树造林。他生前累计植树18万株，成活14万余株。他将培育的100万株珍贵树苗无偿捐献给了国家，先后荣获"全国义务植树模范""全国绿化奖章""国土绿化突出贡献人物"等荣誉。

---

[1] 贾云升：《希望之海　绿色传承》，《中国绿色时报》，2021年10月27日，有改动。

2009年，吉林森工集团把赵希海当年第一次上山植树的日子——4月29日，确定为"希海植树日"。

2011年4月29日，红石林业局在批洲林场举行了"希海植树日"暨"绿色传承"仪式。那天，73岁的赵希海老人把一面义务植树的旗帜，郑重地交到了儿子赵景春手上。

在赵希海的带动下，吉林森工集团的职工和家属纷纷投入植绿护绿行动中，每年有千余人走进大山，在清收还林的田间地头、采伐迹地、空荒地带植树，并自觉成为森林守护者。2011年至今，红石林业局完成义务植树125.86公顷，栽植红松、云杉、水曲柳等树木36.3万株。学习和发扬"希海精神"，延伸"希海精神"内涵，成为红林人的共识，老人绿化荒山、改善生态的拓荒精神，坚韧不拔、锲而不舍的愚公精神，淡泊名利、不求索取的奉献精神，影响着一代又一代红林人。

2017年3月10日，身患重病的赵希海永远地闭上了眼睛。在全国第39个植树节的当天，他的骨灰被安葬在那片他最熟悉的大山里，与群山绿树为伴。对于红林人来说，他就是一本书、一部历史、一种精神，让后来人铭记，曾经有这样一位老人，用生命装点江山，用汗水为荒山披绿。

如今，志愿林、青年林、党员林、希海纪念林……红石林业局大大小小的山川沟壑，满是"希海精神"接力者种下的树。"希海精神"在这片沃土上熠熠生辉。

合肥市生活垃圾分类管理条例实施细则（节选）

第一章　总　则

……

第三条　本细则所称生活垃圾，是指在日常生活中或者为日常生活提供服务的活动中产生的固体废物，以及法律、行政法规规定视为生活垃圾的固体废物。

第四条　本市生活垃圾分为可回收物、有害垃圾、厨余垃圾和其他垃圾四大类，具体为：

（一）可回收物，是指适宜回收利用的生活垃圾，包括纸类、塑料、金属、玻璃、织物等。

（二）有害垃圾，是指《国家危险废物名录》中的家庭源危险废物，包括灯管、家用化学品、电池等。主要有废荧光灯管（日光灯管、节能灯等），废温度计，废血压计,过期药品,废油漆、溶剂及其包装物,废杀虫剂、消毒剂及其包装物,废胶片及废相纸,废电池(普通碱性电池除外)等。

(三)厨余垃圾,是指易腐烂的、含有机质的生活垃圾,包括家庭厨余垃圾、餐厨垃圾、其他厨余垃圾等。主要是居民日常生活产生的蔬菜瓜果垃圾、腐肉、肉碎骨、蛋壳、畜禽产品内脏及剩饭剩菜等,单位食堂、宾馆、饭店等产生的餐厨垃圾,农贸市场、农产品批发市场产生的蔬菜瓜果垃圾、腐肉、肉碎骨、蛋壳、畜禽产品内脏等。

(四)其他垃圾,是指除可回收物、有害垃圾和厨余垃圾以外的生活垃圾。

对工业固体废物、危险废物、医疗废物、废旧电器电子产品、建筑垃圾等固体废弃物的管理,法律、法规已有规定的,从其规定。

……

第五章 社会参与

……

第二十三条 教育部门应当将生活垃圾分类知识纳入生态文明教育内容,通过文明校园创建等方式,引导学生树立尊重自然、顺应自然、保护自然的发展理念,形成生活垃圾分类习惯,养成勤俭节约、低碳环保、自觉劳动的健康文明生活方式。

……

第七章 附 则

第三十一条 本细则自2021年3月1日起施行,有效期三年。

合肥市人民政府办公室

2021年2月9日

任务八 做校园环境维护者

【学习目标】

(1) 了解教室寝室美化的具体要求。

(2) 掌握实验实训场所"7S"管理的主要内容。

(3) 学习校园公共区域环境维护的主要方法。

(4) 培养维护校园环境的意识,积极美化校园环境。

(5) 树立劳动自立的观念,养成良好的劳动习惯,确立健康的生活方式。

【建议学时】

3学时

【工作情境描述】

每年4月是全国爱国卫生月,班级准备组织策划以"宜居靓家园 健康新生活"为主题的爱国卫生运动。

【工作流程与活动】

查找资料,了解爱国卫生运动的基本内容和相关要求,积极行动起来,筹备、实施方案并开展活动,争做爱国卫生运动的积极参与者、文明健康的模范带头人,同心共筑文明健康校园。

学习活动1 教室寝室美化

(一) 学习目标

(1) 掌握教室卫生、保洁与美化的具体要求和做法。

(2) 了解教室美化的若干原则。

(3) 知晓寝室安全、卫生与美化的具体要求和做法。

（二）学习准备

劳动工具、网络。

（三）学时建议

1学时

（四）教室寝室美化

洁净雅致的教室和寝室，能对学生产生潜移默化的影响。扫一屋，净一室，不仅有助于培养学生的劳动习惯和实践能力，而且能弘扬新时代劳动精神，营造劳动光荣的校园文化氛围。

1. 教室美化

教室美化是校园文化建设的重要组成部分，美化的教室是形成良好班风学风的载体和平台。教室美化主要由卫生与保洁、装饰与创意两部分组成。

（1）教室卫生与保洁。教室卫生区域包括地面、墙壁、门窗、桌椅、讲台、黑板、工具、设备等，具体要求如下：

教室整洁美观

◆ 教室卫生情况：整体环境整洁美观。

◆ 地面：地面无垃圾、无尘土、无污迹、无杂物堆放。

◆ 墙壁：墙壁整洁干净，无杂乱张贴、无乱涂乱画、无蛛网印迹、无卫生死角；园地、宣传栏、墙贴等整洁有序、无脱落。

◆ 门窗：教室门窗、玻璃内侧、纱窗窗帘均干净整洁，无污垢印迹、无乱涂乱画，窗台上无杂物脏物，窗帘按要求统一悬挂。

◆ 桌椅：桌椅区域干净整洁，桌面、抽屉里、椅子上无杂物，无污垢灰尘、无杂乱张贴、无乱写乱画现象。桌椅摆放整齐，横竖对齐成直线。

◆ 讲台、黑板：讲台干净、物品摆放整齐且无杂物堆放。黑板、黑板槽及时清理，做到黑板干净，黑板槽无积灰且黑板下方无粉笔灰。

◆ 工具摆放和垃圾清理：卫生工具干净、摆放整齐，各类用品存放于指定位置，不随意放置。垃圾入篓，且及时清理垃圾篓，垃圾篓无堆积和异味现象。

◆ 设备：电源开关、插座、多媒体设备等保持干净整洁，离开教室时，及时关掉电器（电灯、多媒体、风扇等）。

◆ 其他：经常开窗通风，保持室内空气清新。教室内无违禁品、危险品。班级实行轮流值日制度，保持清洁卫生。

（2）教室装饰与创意。教室装饰整体上应整洁规范、合理有序、美观大方。具体包括：

◆ 教室前墙：黑板正上方居中悬挂国旗，国旗两侧张贴关于社会主义核心价值观的内容文字，布局美观，色调鲜明。黑板两侧为公示栏：包括课程表、时间表、值日生表、《学生日常行为规范》等，张贴要整齐、协调、美观。

◆ 教室后墙：正中为学习园地，栏内可设不同板块，内容定期更新，可制作成"信息版""荣誉版""成果展""新闻焦点"等相关内容的展示板。板报、手抄报等书写要工整，突出活动主题和特色。

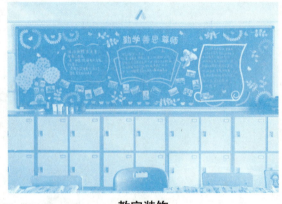

教室装饰

◆ 教室两侧墙壁：两侧墙壁成为班级文化、专业特色和学生风采展示栏。班级文化栏以班训、班级目标、班级誓言、班主任寄语等内容为主。其余空间可安排如海报、名言警句等装饰物。此外，图书角摆放书架或书柜，卫生角安放清扫用具，均设专人管理或轮流管理。

◆ 绿色空间：根据教室实际情况，增添若干绿植，如盆景、花草等，让教室充满绿色。

◆ 创意设计：可充分利用教室墙面和空间，创新设计、布置富有班级个性或特色的版面，可根据班级专业特色或班级特点对班级进行美化。例如，设计类专业的教室可以在教室墙壁上张贴学生设计的作品、安放制作的小物件等。

此外，还可以在学风建设、班级建设、专业建设、卫生建设、文明建设等模块对教室作出科学合理的规划、设计，以彰显个性，突显班级特色。

（3）教室美化的原则。教室布置应符合学校工作要求和学生年龄特点，突显校园文化建设理念，培养学生正确的审美观念，促进学生身心健康发展。教室美化的原则主要包括：

教室创意设计

◆ 思想性。布置要遵循思想性强、富有启迪性、充满激励性原则，符合教育规律，既能美化环境，营造良好的氛围，又赏心悦目，能陶冶学生情操，真正起到润物细无声的教育作用。

◆ 灵活性。班级布置一成不变会让学生感到厌倦，因此，对教室的配置要体现灵活性，应根据学生兴趣、时间节点等对班级作出合理布置，让每位同学都参与到教室美化的活动中。

◆ 艺术性。教室装饰要美观大方，例如，图画要精美，装饰要得体，栏目要对称，字体规格要统一，色彩搭配要适宜等。整体协调，布局统一，防止因杂乱无章、缺乏美感或喧宾夺主而分散学生的注意力。

◆ 特色性。一个班级的教室布置应体现班级特色，要最大限度地发挥学生的聪明才智，培养他们的自主能力、独立思考能力和创造性思维能力，让他们积极主动地参与教室的美化布置，实现物化教育和心灵培育相结合，以达到更好的教育成效。

◆ 经济性。可以选择一些废弃品，废物利用，用它们装饰和美化教室，减少成品购置，一方面给学生提供做中学的机会，另一方面可促进学生德育、美育等的发展。

2. 寝室美化与文明建设

寝室是学生在校期间生活、休息的重要场所，直接影响学生良好生活习惯的养成以及个性心理品质的发展。文明、清新、幽雅的寝室环境，能够促使学生将维护良好的生活环境内化为自觉追求，外化为个体行动，对于促进学生健康成长成才，形成良好的个人素养具有重要意义。

（1）学生寝室安全要求。寝室安全是寝室环境美化的前提，学生寝室安全要求主要包括：

◆ 自觉遵守国家法律法规和学校规章制度，坚决抵制违法乱纪的不良行为。自觉增强安全意识和法治观念，提高安全防范能力和自我管理能力。

◆ 杜绝存放易燃易爆等危险品，不抽烟、不酗酒，不存放和使用各类违规物品。

◆ 自觉爱护寝室公共设施，室内无人时及时锁门、关窗，积极作好安全防范。

◆ 室内杜绝私拉乱接插座和电线，争做资源节约型寝室。

（2）学生寝室卫生要求。寝室卫生是寝室环境美化的基础，寝室卫生保洁主要包括以下内容：

◆ 宿舍门：宿舍门干净无灰尘、无乱贴乱画；宿舍门口、走廊干净整洁。

◆ 床铺：床单、枕巾干净，床单平整无折皱，多余边角压至被褥下方；被子统一放于向着宿舍门的位置；枕头放在被子内侧，枕头前端与被子前端平齐；空的床位保持干净，未堆放杂物。

寝室干净整洁

◆ 物品摆放标准：行李箱统一放置，水瓶整齐摆放在置物架上；桌面保持整洁，桌上物品归类摆放整齐，椅子统一置于桌子下面；鞋子摆放整齐；晾晒的衣物统一晒在晾衣杆上。

◆ 卫生标准：地面清扫彻底，无积水、无脚印、无杂物、死角无垃圾；卫生间内无任何杂物，干净无污迹；储物柜干净卫生，无灰尘，柜顶没有堆放物品；桌底下干净整洁，不留卫生死角；窗帘、窗台、门窗玻璃清洁卫生；墙壁无污物、无乱贴乱画，墙角无蜘蛛网；卫生工具保持清洁，统一摆放，垃圾篓及时清理；保持空气流通，无异味。

◆ 其他：服从楼管人员管理；按作息时间休息；人走关窗、关灯、关空调、锁门；禁止在宿舍外堆放垃圾；禁止使用大功率电器；宿舍内禁止吸烟、酗酒，禁止饲养宠物。

（3）学生寝室的美化。

◆ 寝室设计积极向上、健康活泼，反映当代学生的精神风貌，展现学生的青春朝气。可将寝室成员共同的兴趣、爱好、理想与追求，或专业特色融入寝室的设计之中。

◆ 装饰格调高雅、富有美感。寝室墙壁不过度装饰，张贴画、室内装饰物内容健康向上，文化氛围浓郁，整体高雅大方，和谐统一。创意新颖独特，个性鲜明，体现寝室特色。

◆ 绿色低碳，安全健康。装饰材料环保，尽量以手工为主，厉行节约，提倡对旧物、废弃物改造再利用，装饰应便于长期维护，禁止在墙上乱涂乱画；装饰过程及结果无违规、无安全隐患。

◆ 制度健全，责任明确。寝室公约完善，值日生制度明晰，寝室成员在维护寝室卫生方面态度积极，不乱扔垃圾。

◆ 寝室人际关系和谐，成员之间团结友爱，互帮互助。自觉提高自主管理能力，积极参加文明宿舍建设、优良学风建设，共同维护良好的学习生活秩序。

寝室美化

（五）工作过程

（1）利用网络查找教室寝室美化的相关资料，收集教室寝室美化的优秀案例和具有代表性的做法。

（2）梳理知识要点。

（3）认真做好教室寝室卫生、保洁与美化等各项工作。

（4）与同学分享对教室寝室美化活动的感悟。

（六）评价与分析

活动过程评价表

班级		姓名		学号		日期	
序号	评价要点			配分	得分	等级	
1	能在规定的时间内自己查阅资料			1		☐A（9~10分） ☐B（7~8分） ☐C（6分以下）	
2	了解教室卫生、保洁与美化的具体要求和做法			2			
3	了解寝室安全、卫生与美化的具体要求和做法			2			
4	理解教室寝室美化对校园卫生与文明建设的重要作用			1			
5	交流对教室寝室美化活动的感悟			2			
6	按时完成老师布置的任务			2			
	总分			10			
总评							

学习活动2　实验实训场所"7S"管理

（一）学习目标

（1）学习"7S"管理活动的基本概念。

（2）清楚"7S"管理活动的主要内容和意义。

（3）了解"7S"管理活动的工作要求。

（二）学习准备

劳动工具、网络。

（三）学时建议

1学时

（四）实验实训场所"7S"管理

实验实训场所是职业院校实践教学的重要场所，对实验实训场所推行"7S"管理的目的：一方面是规范实验实训场所环境安全与卫生管理的工作要求，另一方面旨在实现专业人才培养目标与企业岗位任职要求的对接，以提高学生的实践能力和职业素养。

1. 什么是"7S"管理

"7S"管理是现代企业行之有效的现场管理理念和方法，由"5S"管理延伸发展而来，是一种在生产现场对人员、机器、材料、方法等生产要素进行有效治理的管理活动。

"7S"管理下的生产现场

所谓"7S"是指整理（SEIRI）、整顿（SEITION）、清扫（SEISO）、清洁（SETKETSU）、素养（SHITSUKE）、安全（SECURITY）、节约（SAVE）七个项目，因均以S开头，故简称"7S"。其作用是通过整理、整顿、清扫、清洁、素养、安全、节约等活动，消除生产作业现场各种不利因素和行为，提高生产作业效率，保证生产任务顺利完成。

"7S"管理方式也适用于学校实验实训场所的管理，包括对人员、机器、材料、方法、环节的管理，不仅能改善实训车间环境，还可以提高实训效率、减少材料浪费、降低实训成本等。

实训场所整洁

2. "7S"管理的内容

（1）整理（SEIRI）："整理"是改善实训现场状况的第一步，具体而言，就是通过现场检查，对实训场地的各类物品进行清理，严格区分必需品和非必需品，将非必需品及时妥善处理。经过整理，实训场地只能看到与所授课程相关的工具和设备，且这类必需品都放在适当的位置，以保证实训现场无杂物，安全通道畅通，有效扩大作业面，并能防止因物品混放，造成差错而引发事故。

整理后的实训场地

（2）整顿（SEITION）："整顿"是指将整理后留在现场的必要物品分门别类放置，排列整齐，明确数量，并进行标识。它要求所有参加实训的学生能够知晓所学专业实训需要的各种物品的放置场所，明确其放置方法，并作出标识。通过整顿环节，工作场所变得整洁明了，物品使用更加便捷，减少了学生寻找物品的时间，从而有效提高学习效率。若物品出现丢失、损坏等情况，也能立即发现。

（3）清扫（SEISO）："清扫"是指实训学生每天要将实训场所彻底清扫干净，做到无乱堆乱放、无尘土等，保持实训场所清洁、整齐。这样的环境能让实训的学生维持良好的工作情绪，有利于提高产品质量，最终实现生产零故障和零损耗。此外，"清扫"还包括实训结束后学生对所用物品进行清点，并将它们放回相应位置，以及对损坏用品作好记录。同时注意对自己操作的设备加以保养，若发现设备异常，须立即进行维修，使设备一直处于良好状态。

（4）清洁（SEIKETSU）："清洁"就是对学生加强教育管理，将"整理""整顿""清扫"三个步骤的成果标准化、制度化，让每位学生养成自觉保持、维护的行为习惯，使维持实验实训现场清洁、有序成为日常的行为规范。

（5）素养（SHITSUKE）："素养"是在确保此前"4S"成果的基础上，通过教育和制度管理，不断引导学生提升自身修养，增强团队意识，培养良好的行为习惯和职业道德。也就是说，让学生在日常的学习生活中自觉自愿地约束自己的行为，养成遵章守纪的习惯，形成立足岗位进行自我改善的意识，并使之成为一种风尚。

（6）安全（SECURITY）："安全"是指在学生参加实训时，管理者和指导教师应坚持将实训安全放在第一位，充分作好安全教育，注意学生实训过程中的操作安全，重视巡查和预防，以各种方式敲响安全实训的警钟，尽最大可能减少实训过程中各种人身和设备事故的发生，保证学生的身心健康和设备设施的安全。

（7）节约（SAVE）："节约"就是让学生在实训过程中以自己就是主人的心态对待实训场所的一切资源，秉承勤俭节约的原则，合理利用时间、空间、资源等，节能降耗，提高劳动效率，以发挥它们的最大效能，从而创造一个高效的、物尽其用的工作场所。

实训场所整洁有序

综上所述，"7S"管理可简述为以下内容。整理：要与不要，一留一弃；整顿：科学布局，取用快捷；清扫：清除垃圾，美化环境；清洁：清洁环境，贯彻到底；素养：形成制度，养成习惯；安全：安全操作，以人为本；节约：勤俭节约，点滴做起。

3. "7S"管理具体要求

"7S"管理具体要求

要素		工作要求
整理	仪器设备	1. 将仪器设备分为必要的和不必要的，清除不必要的
		2. 将必要的仪器设备分为立即用和以后用的，将以后用的放入相应的贮藏区
	易耗品	1. 将工具、夹具、量具、附具、备件、耗材分为必要的和不必要的，清除不必要的
		2. 将必要的工具、夹具、量具、附具、备件、耗材分为立即用的和以后用的，将以后用的放入相应的贮藏区
	工作区域	1. 工作台无破损，不放置与实践教学无关的物品
		2. 工作台面整洁，无杂物
整顿	整体布局	1. 实验实训区、教学区、仪器设备贮藏区、低值易耗品贮藏区、卫生洁具存放区、学生物品存放区、通道等布局合理，具有真实（或仿真）的生产氛围，空间利用率高
		2. 仪器设备、工作台、工具柜、储藏柜、储物货架、储物箱、卫生洁具等按规定位置放置，摆放整齐
		3. 通道画线清楚，干净整洁，无压线、占道现象
		4. 仪器设备、工具、量具、附具分类标示，按使用频率分类放置，摆放有序，寻找、存取方便，减少寻找、取放时间，使用后归位
	管理	1. 仪器设备账、物相符，标签、标示齐全
		2. 仪器设备、工具、量具、附具完好，维修记录齐全
		3. 工具、夹具、量具、附具集中由专人管理，账、物相符，标示齐全
		4. 易耗品的消耗量符合实践教学和科研工作需要，领用手续齐全
		5. 实践教学资料（实验实训室使用记录、实验实训指导书等）填写完整，分类存放
	标牌警句	1. 标牌、警句齐全完整，内容正确，有意义
清扫		1. 清扫用具齐全，放置在规定位置，用完归位
		2. 清扫并保养仪器设备（或工作台面）、工具、夹具、附具，保证无灰尘、无锈蚀、无油渍、无污垢，干净清洁
		3. 清扫仪器设备四周，保证无切屑、无漏油、无污垢、无杂物，干净整洁
		4. 清扫实验实训室（含门窗、墙壁、天花板、玻璃、插座、开关、灯具、电扇、空调、储物柜等），保持干净卫生
		5. 墙壁、公告栏无乱贴乱画、无脚印，过期公告及时清除

续表

要素	工作要求
清洁	1. 各实训中心将所有实训室以责任区形式划分到相应班级，进行整理、整顿、清扫，彻底贯彻以上"3S"，并与劳动教育相结合进行考核
	2. 各实训中心安排每周大扫除，做上述"3S"工作，由实训室管理员、班主任负责
	3. 各实训室管理员及相关人员负责对实训室进行早、中、晚三次巡查，发现未贯彻上述"3S"工作的，立即整改，并作好相应记录，对接责任人
	4. 实训室上课期间，实训室管理员与任课教师配合将实训室所有区域（包括设备）划分给学生（一般按工位划分区域），实训期间学生自行负责所在区域的卫生与物品的"3S"工作，任课教师进行监督与检查，下课后任课教师与班级负责学生对实训室所有区域的卫生和设备情况进行检查，并作好记录，任课教师对不贯彻"3S"工作的学生进行教育
	5. 兴趣小组和技能竞赛组使用实训室，由指导教师负责管理（管理员对指导教师进行考核）
	6. 临时人员使用实训室，由管理员负责
	7. 连续、反复不断进行整理、整顿、清扫，彻底贯彻以上"3S"
素养	1. 培养学生自觉遵守劳动纪律、实验实训纪律的习惯
	2. 让学生养成上岗前保养仪器设备，下课时清洁仪器设备和清扫工作场地的习惯
	3. 培养学生自觉执行劳动保护措施，即按规定着装、戴帽，以及严格遵守相应制度的习惯
	4. 让学生养成离岗前仪器设备归位、文件归位、椅子归位、工作区清洁、责任区卫生等工作习惯
	5. 培养学生"四不落地"（即水、油、工具、零件不落地）、"五防"（即防电、防火、防爆、防污、防盗）、人走"六关"（即关机、关窗、关灯、关水、关电、关门）的职业习惯
安全	1. 加强安全教育，提高安全意识。建立实验实训室安全责任制，落实责任
	2. 完善技防措施，按要求穿戴安全操作用品。遵守安全规范，认真执行设备操作规程，按照实验实训指导书进行操作
	3. 危险品、易燃易爆品、剧毒品处应张贴安全警示，存放、领取、使用、处理符合安全管理规程，并有使用和处理记录
	4. 定期检查，排除隐患
节约	1. 能用的东西尽可能利用
	2. 以自己就是主人的心态对待学校资源
	3. 物品不随意丢弃，丢弃前应思考其剩余使用价值
	4. 人走灯灭，节约用水；仪器设备不使用时关闭其电源

（五）工作过程

（1）利用网络查找实验实训场所"7S"管理的资料，收集相关案例。

（2）梳理"7S"管理的知识要点。

（3）按实验实训场所"7S"管理的具体要求逐项做好全部工作。

（4）与同学分享实验实训场所"7S"管理的感悟。

（六）评价与分析

活动过程评价表

实验实训场所"7S"管理指标内涵及评分标准如下：

要素	指标内涵	分值	评价等级（系数）					得分
			A 1.0	B 0.8	C 0.6	D 0.4	E 0.2	
整理（10分）	1. 无不必要的仪器、设备、工具、夹具、量具、附具、备件、易耗品	4						
	2. 以后用的仪器、设备、工具、夹具、量具、附具、备件、易耗品放置在仪器设备贮藏区	3						
	3. 工作台无破损，不放置与实践教学无关的物品，工作台面整洁，无杂物	3						
整顿（20分）	1. 各功能分区、通道等布局合理，仪器设备、工作台、工具柜、储藏柜、储物货架、储物箱、卫生洁具等按规定位置放置，摆放整齐。具有真实（或仿真）的生产氛围，空间利用率高。通道画线清楚，干净整洁，无压线、占道现象	3						
	2. 仪器设备、工具、量具、附具等完好，分类标示，集中由专人管理。工具、量具、附具、耗材按使用频率放置，摆放有序，使用后归位	10						
	3. 仪器设备、工具、夹具、量具等账、物相符，维修记录齐全；易耗品的消耗量符合实践教学和科研工作需要，领用手续齐全	3						
	4. 实践教学资料（实验实训室使用记录、实验实训指导书等）填写完整，分类存放	2						
	5. 标牌、警句齐全完整，内容正确，有意义	2						
清扫（20分）	1. 清扫用具齐全，放置在规定位置，用完归位	2						
	2. 仪器设备（或工作台面）、工具、夹具、附具无灰尘、无锈蚀、无油渍、无污垢	8						

续表

要素	指标内涵	分值	评价等级（系数）					得分
			A 1.0	B 0.8	C 0.6	D 0.4	E 0.2	
	3. 仪器设备四周无切屑、无漏油、无污垢、无杂物	5						
	4. 实验实训室（含门窗、墙壁、天花板、玻璃、插座、开关、灯具、电扇、空调、储物柜等）干净卫生、无积尘、无蛛网	3						
	5. 墙壁、公告栏无乱贴乱画、无脚印、无过期公告	2						
清洁 （10分）	1. 每天上班、下班前3分钟，由实训室管理员做上述"3S"工作	4						
	2. 每次实验实训开始和结束前3分钟，组织学生做上述"3S"工作	3						
	3. 每周对实验实训室进行一次大扫除	3						
素养 （20分）	1. 培养学生自觉遵守劳动纪律、实验实训纪律的习惯	4						
	2. 让学生养成上岗前保养仪器设备，下课时清洁仪器设备和清扫工作场地的习惯	4						
	3. 培养学生自觉执行劳动保护措施，即按规定着装、戴帽，以及严格遵守相应制度的习惯	4						
	4. 让学生养成离岗前仪器设备归位、文件归位、椅子归位、工作区清洁、责任区卫生等工作习惯	4						
	5. 培养学生"四不落地"、"五防"、人走"六关"的职业习惯	4						
安全 （10分）	1. 加强安全教育，提高安全意识。建立实验实训室安全责任制，落实责任	3						
	2. 技防措施完善，按要求穿戴安全操作用品。遵守安全规范，认真执行设备操作规程，按照实验实训指导书进行操作	3						
	3. 危险品、易燃易爆品处应张贴安全警示，存放、领取、使用、处理符合安全管理规程，并有使用和处理记录	2						
	4. 定期检查，排除隐患	2						
节约 （10分）	1. 水、电等资源未出现浪费现象	5						
	2. 地上没有落下产品、配件、原料、辅助材料、工具等	5						
	总分							

备注：发生一次安全事故，安全项目一票否决，得0分。

学习活动3　校园公共区域环境维护

（一）学习目标

（1）掌握校园公共区域环境保洁的具体做法。
（2）了解校园休闲空间美化的基本要求。

（二）学习准备

劳动工具、网络。

（三）学时建议

1学时

（四）校园公共区域环境维护

1. 校园休闲空间的美化

（1）基本要求。校园休闲区域和走廊是学生放松身心的地方，也是突显校园文化的特色区域，美化校园休闲空间，能够让学生受到艺术与文化的熏陶、感染，提高欣赏美、创造美的能力。美化公共空间、走廊，应做到：

◆ 整体环境：保持环境整洁，各类设施物品摆放有序。

◆ 绿化绿植：加强对绿化成果的管理、养护。及时做好施肥、除草、松土、修剪、保洁、病虫害防治等工作，运用科学、艺术的方法修剪乔木、灌木，增强植物的观赏效果，达到树绿、花鲜、草美及绿地内无杂草、无杂物、无病虫害的标准。

◆ 运动文化：大力宣传运动文化和体育精神，可在广场区域、运动场墙壁布置、绘制各种运动图形壁画，展现体育运动的活力与精神，让学生从中感受力量之美和拼搏奋进的意义。

◆ 公共设施：爱护校园公物和消防设施，保持公共设施整洁、美观。对于校园休闲空间的座椅、书架等公共设施，若发现有损坏的，应及时登记，进行维修维护。

楼道走廊的美化

◆ 建筑物：在常规建筑物，如路柱、井盖、石墩上设计、绘制图案，展现学生的创造力，突显他们的个性才华，提升校园文化艺术品位，营造良好的校园文化氛围。

◆ 楼道走廊。苏霍姆林斯基说过："要使学校的墙壁也能说话。"可将名人名言、警示语或学生作品，以及学校的办学思想、育人特色、校训等以多种形式呈现在校园的走廊墙壁上，充分发挥校园文化环境的育人功能，提升师生的思想道德素质和文明素养。对于各班级教室外的墙壁，可结合专业特点，对照学校文化建设总体布局，作出科学布置，且内容要定期更新。

◆ 宣传栏：可开设学校报栏、宣传栏，辅以安全教育、卫生宣传教育等内容，发挥学生自主性、积极性，组织学生定期出刊，丰富校园文化生活，促进学生综合能力的全面提升。

校园内的绿植

（2）工作过程。

◆ 统一安排、明确各个班级负责的具体区域。活动前准备好各类用品及工具等。

◆ 组织班级同学按时作好休闲区域和走廊的保洁，同时安排有绘画基础的同学绘制宣传板报，粘贴宣传标语，布置自制的画作和警示语等，以多种形式宣传校园文化。

◆ 结束后，及时收纳整理相应用具，维护校园环境的干净整洁。

2. 清扫公共卫生间

（1）准备。备好以下用具：拖把、扫帚、手套、水桶、玻璃刮、抹布、清洁剂等。门口放置"清洁"告示牌。

清扫用具

（2）冲：开启冲水阀冲洗便器内侧，再用洁厕水刷洗便器内壁和台面，并注意对入水口和出水口的清刷。

（3）倒：清扫地面垃圾。清空手纸篓、垃圾桶、茶叶筐。同时将手纸篓、垃圾桶、茶叶筐冲洗干净，更换上垃圾袋。

（4）洗：按照先清洗手台、面盆，后便池的顺序，逐项逐个刷洗卫生间设施。

（5）擦：用抹布擦门窗、窗台、搁板、墙壁、镜面等，必要时用刷子、百洁布、刮刀等清除污渍。

（6）扫、拖：地面先用扫帚清扫一遍，再用拖把拖一遍。顽固污渍用铲刀或者洁厕灵清除。然后用拖把擦净地面，注意角落和便池周围不要留有水迹。

（7）喷：喷洒除臭剂、杀菌液等。

（8）发现卫生洁具、五金件损坏，管道、阀门、龙头漏水，水池、地漏、地沟堵塞无法疏通，应及时通知维修人员修理或更换。

3. 清扫校园道路

（1）为方便出行，道路清扫时间应尽可能固定，建议在人员走动较少的时间段内进行。

（2）车道、人行道等每日清扫一次并作好保洁。地面、路面干净整洁，达到"五无五净"（无堆积物、无果皮纸屑、无砖瓦土石、无污泥积水、无痰涕；路面干净、垃圾箱干净、道边石牙干净、下水道口干净、绿化带周围干净）。

清扫道路

（3）用扫把、簸箕清理较为明显的垃圾，对于路面上的油污，及时用清洁剂清理，用铲刀清除机动车道和人行道上的顽固污渍、口香糖等杂物。将清扫的垃圾放入专门的垃圾桶，不可倒入路边的果皮箱、绿化带和下水道。

（4）晴天进行路面清扫时，须适度洒水。秋冬季节落叶较多，应增加每日保洁次数；重大活动期间要注意对广场的冲洗保洁。当遭遇雨雪等特殊天气时，可及时组织铲雪除冰工作，保持路面通畅和通行安全。

（5）保持垃圾桶内垃圾不过半，每天早、中、晚三次集中对垃圾桶的垃圾进行分类处理。

（6）保持机动车道、人行道上无阻碍物，同时做好维护监督工作，当发现乱扔杂物、乱吐痰等不文明行为，应礼貌加以劝阻。

（7）安全第一，尤其在清扫机动车道时，须按照车行线反方向清扫，注意观察、避让来往车辆，扫地时不要听音乐或戴耳机，作好安全防护。

4. 清理广场、台阶、水沟等

（1）清理广场、台阶等基本要求如下：

◆ 台阶和广场地面无污渍、无纸屑果皮、无包装袋等杂物。草坪、花坛和绿化景点干净整洁，无暴露的垃圾和丢弃物。

◆ 垃圾桶定时清理，无异味。垃圾桶每日至少倾倒一次，每周至少清洗擦拭两次，做到垃圾桶内垃圾杂物不满溢，垃圾桶外表干净。

◆ 广场的座椅、报栏、橱窗无灰尘、无污渍和无破损。

◆ 清洁台阶时注意安全，上下台阶时注意防滑。

◆ 室外扶手、栏杆、休闲椅凳及大理石贴面等每周至少清扫、擦拭两次，做到干净整洁，无乱贴物。

（2）特殊情况下广场地砖的清洗方法。

特殊情况	处理方法
表面有尘土	用水冲洗或者刷子刷
沾有油渍，或者整个地砖表面有油渍	先在适量的清水中倒入洗洁精或者洗衣粉并搅拌均匀，再用其刷洗地砖表面
有异味脏污，如鸟粪之类	先用肥皂水冲刷，再用消毒水清洗或喷洒直至干净
广场砖面粘了口香糖或沥青等顽固污渍	先用铲子清除表面污渍，再用专用的清洗剂、稀释剂进行清理
砖与砖缝隙处的污垢	不定期用去污膏去除污垢，条件允许的情况下可在缝隙处刷一层防水剂，以防霉菌生长

（3）清理水沟。

◆ 清理水沟：准备清洁工具及清洁剂；在水桶里倒入热水，将碱性清洁剂按照比例加入热水中，调配好放置备用。先用扫把等工具清理水沟内垃圾，然后喷上调配好的清洁剂，5分钟后进行刷洗，刷洗完顽固污渍，接上水管对水沟进行冲洗。反复多次，直至将水沟内污垢清理完毕。

◆ 水渠、水沟等水域无废弃物和漂浮物。如有堵塞，须用竹竿疏通，然后用拖把、扫帚清扫干净。

◆ 水渠、水沟等每日巡视保洁一次，可用火钳和自制的专用工具清理水上杂物，做到水面无废弃物和漂浮物。

（**注**：清理广场、台阶和水沟时，须在教师的指导下进行；各类清洁消毒用品须

按照使用说明操作，并作好使用记录，用完及时放回原处。）

5. **打扫生态林、绿化地（带）**

校园环境中，生态林、绿化带起着非常重要的作用。打扫生态林、绿化带，应做到以下两点。

校园绿化带

（1）清洁卫生。对于校园内的生态林、绿化带，保持每天打扫一次，并捡拾其间杂物。保证绿化带、花坛内无纸屑、无果皮、无包装袋等暴露的垃圾和丢弃物。

（2）美化维护。对于生态林、绿化带的维护，应做到日常化、科学化。

- 依照气候变化，适时给花木浇水。
- 根据花木长势，适时适量给花木施肥、松土。
- 及时铲除杂草、枯枝，春秋两季定时修剪花木，即时将损坏的花木扶正，并进行整修或补苗。
- 制定病虫害预防办法，防治病虫害。
- 作好恶劣天气下花草树木的维护。

（五）工作过程

（1）利用网络查找校园公共区域环境美化的相关资料。

（2）收集校园公共区域环境美化的相关案例。

（3）梳理知识要点。

（4）与同学分享校园公共区域环境美化活动的感悟。

（六）评价与分析

活动过程评价表

班级		姓名		学号		日期	
序号	评价要点		配分	得分		等级	
1	了解学校休闲区域的美化责任划分		1			☐A（9~10分） ☐B（7~8分） ☐C（6分以下）	
2	对学校休闲区域进行设计		2				
3	保持责任区域地面整洁，物品摆放有序		2				
4	走廊张贴名人名言、警示语，根据区域作用的不同，以多种形式宣传校园文化		2				
5	收集5个以上适合在校园张贴的标语		1				
6	及时、高质量地完成校园公共区域环境美化的任务		2				
	总分		10				
总评							

【学习资源包】

海绵校园

"海绵校园"是一种生态建设理念，其内涵在于让校园像海绵一样，在适应环境变化和应对自然灾害等方面具有良好的"弹性"，下雨时吸水、蓄水、渗水、净水，需要时将蓄存的水"释放"并加以利用。海绵校园的建设不仅可以全面提升校园排水安全水平，而且能提升校园景观环境品质，从而让师生有一个更加舒心的教学生活环境。

"海绵校园"的设计内容包括透水性铺装、生物滞留带、下洼绿地设计、水系排涝能力的控制、雨水收集系统以及非传统水源的利用等。

"海绵校园"建设对于校园的可持续发展具有重要意义。从目标看，它能够实现大部分降雨在校园内部消化，减少外部排水压力，充分利用收集的雨水，灌溉校园绿化，减少校园对传统水资源的消耗，改善水生态环境；同时，还能够依托景观，打造珍水、活水校园，还原自然生态校园；更重要的是，它还能增强校园"参与感"，利用校园雨水示范项目，进行课程设计、实验监测、生态实习和科普教育，让学生在日常环境中亲身观察、接触雨水，感受生态雨水景观的魅力，将雨水调蓄、自然美育与学生活动相结合，丰富海绵设施的使用层次，为学生提供多样的户外科普课堂。

任务九 做专业劳动体验者

【学习目标】

（1）了解各专业对劳动的基本要求，掌握从事相关岗位的基本劳动能力。

（2）掌握技能训练安全操作规范，了解并能自觉遵守劳动纪律，增强安全意识。

（3）掌握各级各类技能大赛规范，了解工学交替等教学实践流程，弘扬大国工匠和劳模精神，激发提升技能技艺的热情。

（4）了解相关劳动法知识，培养劳动法治意识。

（5）参加一次与专业相关的劳动活动。

【建议学时】

4学时

【工作情境描述】

各专业的实训教学蕴含着劳动教育，班级将结合专业实际及相关实训课，在充分设计的基础上，开展独具专业特色的劳动活动。

【工作流程与活动】

在接受劳动任务后，了解活动的具体流程及注意事项，按照劳动活动的实施方案积极参与到活动中。

学习活动1 设计特色专业劳动

（一）学习目标

（1）根据设计内容，结合本专业特色，在教师的指导下设计并开展专业劳动活动。

（2）树立正确的劳动观念，了解所学专业对劳动的要求。

（3）培育从事所学专业的基本劳动能力，提升职业素养。

（二）学习准备

相关劳动用品、耗材。

（三）学时建议

1学时

（四）设计特色专业劳动

不同的专业群在劳动教育的组织与实施上有不同的要求，本部分由八个模块构成，分别对应八个专业群：机械制造与自动化专业群、智能控制技术专业群、电子信息工程技术专业群、云计算技术与应用专业群、智能管理服务专业群、建筑工程技术专业群、商务英语专业群、新能源汽车技术专业群。为了适应技术发展与形势的变化，本教材将对各专业群的劳动教育内容作出及时更新。

各专业群的学生既可以优先选用本专业群的模块，也可以结合专业特点，选择相近、相关专业群模块的内容。如管理服务、商务礼仪、信息技术等方面的内容有着明显的通用性，各专业可以选择部分乃至全部进行学习实践。

1. 机械制造与自动化专业群

（1）设计的内容。针对专业劳动认知、专业劳动体验和劳动成果分享，设计"感悟专业劳动""分析设计挂件""加工检测挂件"三项劳动内容。其中，"感悟专业劳动"采用启发式教学，在智慧教室和实训车间进行学习，着重培养学生的劳动情感；"分析设计挂件"采用任务驱动方式，在绘图实训室进行学习，着重培养学生的创新思维；"加工检测挂件"结合演示法和练习法，在钳工实训室和测量实训室进行学习，着重培养学生的工匠精神。

（2）设计的目标。通过设计与制作小挂件，增加对专业劳动内涵和专业劳动规范的认知，加深对专业劳动的认同；提升对机械产品结构的设计、表达和识读能力，对机械产品的加工和检测能力，对劳动成果的总结、汇报和交流能力；激发尊重劳动、尊重劳动者、崇尚劳动价值的情感，涵养吃苦耐劳、踏实肯干、严谨细致的劳动素养，树立安全规范、质量至上的劳动意识和创新创造、砥砺奋进的劳动精神。

（3）适用的专业。本模块适用于机械制造与自动化专业群下的数控技术、机械制造及自动化、模具设计与制造、数控设备运用与维护等专业。

2. 新能源汽车技术专业群

（1）设计的内容。本专业的劳动教育以真实的企业劳动内容为载体，加强对学生的劳动观理论教育，分成四个实施任务，主要为"清洁车辆、维护车辆、整理工具、清扫场地"。

（2）设计的目标。树立正确的劳动观念，了解汽车相关企业对劳动的要求；培育从事汽车相关岗位的基本劳动能力；培养良好的劳动习惯和品质，提升职业素养。

清洗汽车

（3）适用的专业。本模块适用于汽车检测与维修技术、新能源汽车技术、汽车技术服务与营销、汽车智能技术等相关专业。

3. 智能控制技术专业群

（1）设计的内容。结合智能控制技术专业群的劳动教育培养目标，劳动教育项目设计为"研制工艺方案、装配机械结构、调试控制设备、检测产品质量"四个部分。智能控制技术专业群的劳动教育贯通于实训体系，可根据专业需求在专业实训室对应开展。在劳动教育项目中，学生可根据自身的兴趣和特长进行劳动，增加劳动感受和劳动体验的丰富性，激发劳动创造潜能。

（2）设计的目标。培养学生热爱本职行业、求真务实的价值观，勤学苦练、实干巧干的劳动认知，智能控制技术专业群的劳动技能，以及劳动安全、严守规范、吃苦耐劳、团队协作、精益求精的劳动精神。

（3）适用的专业。本模块适用于智能控制技术专业群相关专业，如机电一体化技术、工业机器人技术、智能控制技术等专业。

4. 电子信息工程技术专业群

（1）设计的内容。以"亲临现场、搭建硬件、安装软件、制作电缆"四个任务为核心。具体内容包括：通过"亲临现场"，了解电子信息行业真实的劳动环境、劳动生产现场管理；通过"搭建硬件、安装软件、制作电缆"等专业的劳动教育，掌握电子信息工程技术专业群的必备技能，能熟练拆装及调试硬件，掌握操作系统的安装及开发环境的搭建，会制作数据通信线缆以及进行故障排除。

（2）设计的目标。了解电子信息行业的劳动环境、劳动内容以及劳动生产现场管理和职业素养；通过建设系统硬件和安装软件、制作通信电缆，营造劳动教育的热烈氛围，在看得见、摸得着的真实劳动中寻找快乐，培育劳动技能、劳动素养、团队合作能力。

（3）适用的专业。本模块适用于电子信息类专业、计算机类专业及相关专业。

5. 云计算技术与应用专业群

（1）设计的内容。结合典型的云计算行业岗位，选取软件安装、数据录入和硬件维护三个项目的劳动教育任务。

（2）设计的目标。服务地方制造业智能化升级，面向工业云平台产业链，围绕云平台运维、大数据预处理、软件开发、人工智能运维服务等典型岗位，将学生培养成信息技术行业的高素质劳动者和技术技能人才；强化德智体美劳全面发展，通过实践教学、实习实训等途径，使学生成长为具备系统维护、数据录入等基础专业劳动技能，具有劳动精神和工匠精神的专业人才。

（3）适用的专业。本模块适用于云计算技术应用、人工智能技术应用、大数据技术、软件技术、计算机应用技术、计算机网络技术等专业。

6. 智能管理服务专业群

（1）设计的内容。智能管理服务专业群的劳动教育是基于对前期专业基础课程理论与实践的学习，以项目调研为载体，以任务为驱动，以目标为导向，引导学生进行真实的调研项目选择、问卷设计与调研，体验科技发展背景下劳动工具的新变化；通过对回收数据的确认、编码、转化、录入，对数据进行简单描述、时间序列分析、回归分析等，以训练学生运用新时代的劳动工具与技术，培育学生的敬业精神和吃苦耐劳、团结合作、严谨细致的工作态度；通过调研报告的撰写与分享，提升学生的体验感，增强劳动获得感、成就感和荣誉感。

（2）设计的目标。面向市场调查与数据分析、网络客服、营销推广、计划物控员、成本会计、绩效考评员等岗位活动，培养具备市场调查与需求分析、产品设计、网络营销、品牌推广、供应链管理、项目团队组建与管理、财务管理等素养和跨界应用能力的创新型技术技能人才。

（3）适用的专业。本模块适用于电子商务、现代物流管理、市场营销、会计信息管理、人力资源管理等专业。

7. 建筑工程技术专业群

（1）设计的内容。以"塑匠思、精匠艺、筑匠心、练匠智"为核心，加强劳动观理论教育，旨在有目的、有计划地组织建筑工程技术专业学生参加在校生产劳动。

（2）设计的目标。培育学生崇尚劳动、尊重劳动、热爱劳动，树立劳动最光荣、劳动最崇高、劳动最伟大、劳动最美丽的观念，体会劳动创造美好生活；将劳动教育与专业课程相融合，培养勤俭、奋斗、创新、奉献的劳动精神，使学生具备满足生存发展需要的基本劳动能力，养成良好的劳动习惯；动手实践、出力流汗、接受锻炼、磨炼意志，培养正确的劳动观和良好的劳动品质。

（3）适用的专业。本模块适用于建筑工程技术、工程造价和土建类相近及相关专业。

8.商务英语专业群

（1）设计的内容。下设三个任务，即"精心策划：参加商务展会""细致入微：作好商务接待""规范优雅：展示商务礼仪"。学习内容按三个大任务分解成一系列子任务：预订展位、资料准备、产品介绍、业务洽谈、商务酒会设计、酒会菜单制作、旅游介绍、商务着装训练、商务礼仪训练等。

（2）设计的目标。了解涉外商务行业劳动环境，将英语或日语等非母语作为语言工具，进行商务活动，提升商务技能及素养；以劳模精神为榜样，确立正确的专业劳动观，勤学苦练，培养良好的劳动素养、精益求精的工匠精神。

（3）适用的专业。本模块适用于涉外商务、国际贸易、旅游管理等相关专业。

（五）工作过程

（1）根据所学专业实际，确定专业劳动内容。

（2）掌握劳动方法，开展专业劳动。

（3）展示劳动成果，分享劳动感悟。

（六）评价与分析

活动过程评价表

班级		姓名		学号	
序号	评价要点		配分	得分	等级
1	参加劳动的态度		1		□A（9~10分） □B（7~8分） □C（6分以下）
2	在劳动中学习方法的运用与掌握		3		
3	在劳动中创新精神和实践能力的展示		2		
4	劳动成果展示		3		
5	活动小结		1		

续表

班级		姓名		学号	
序号	评价要点		配分	得分	等级
	总分		10		
总评					

学习活动2　掌握技能赛训规范

（一）学习目标

（1）掌握技能训练安全操作基本知识，养成良好的技能操作习惯。

（2）了解各级各类技能大赛竞赛体系，弘扬崇尚技艺、精益求精的工匠精神。

（二）学习准备

网络。

（三）学时建议

1学时

（四）掌握技能赛训规范

1. 了解技能训练安全操作规范

某职校焊接实训车间，临近下课，上课教师指挥学生收拾材料、用具，学生张某和王某在车间打闹，老师发现后及时对他们进行批评制止，并让他们尽快回到同学们的队伍中去。两位学生走向队伍时，乘老师专注清点器械之际，伺机偷偷继续打闹，张某不小心摔倒，被旁边的铁板割破上臂，教师与同学及时将张某送往医院，张某的手臂被缝了10针。

这是一起学生在技能训练时不听教师劝阻，擅自追逐打闹引发的伤害案件，应当引起同学们的高度重视。

技能训练是在一定范围、条件下进行的实地操作，各校的实训场所内有设备、工具、机械、原材料等物品，同学们在实训场地进行技能操作时务必严格遵守实训车间的纪律，增强安全意识。须知晓以下技能训练守则。

（1）技能训练前应接受系统的安全教育，实训必须在实训指导教师的指导下进行，学生在操作前一定要清楚操作步骤和操作时应注意的安全问题。

（2）必须听从实训指导老师的指导，自觉遵守纪律，做好实训的安全防护工作。在技能训练的全过程，严格执行安全管理规定和安全操作规程，服从管理，正确着装和使用劳动保护用品。在进入车间前，要穿好工作服、工作鞋，不得穿短裤、背心、拖鞋、裙子、高跟鞋、戴围巾，长发须戴帽子。

（3）学生操作前，应检查所用设备、用具、仪器等是否完好无损，如有损坏立即报告指导老师，操作中，若设备出现故障，应立即停止操作。学生要爱护训练设备、仪器，节约用水用电，节约材料，如果造成了设备仪器的损坏，应及时报告并按章赔偿。

（4）在进行技能训练时，严格遵守操作纪律和操作规程，严禁乱窜岗位，打闹嬉戏。未经指导教师许可，不得离开操作岗位。

（5）训练时不能用湿手或湿物接触插头或带电物体。操作完毕，务必要切断电源，并在指导教师指导下进行用具清点，做好设备和仪器的清洁工作。严禁擅自开动机器设备及仪器设备，避免发生意外事故。

实训车间通过模拟实际的工作环境，让同学们养成良好的技能训练操作习惯，有利于他们在以后的实习就业和工作中，成长为一名合格的远离危险的优秀职场人。

2. 了解技能大赛规范

当前，我国职业院校技能大赛设有学校、省级、国家三级竞赛体系。国赛选手须来自省赛，形成了"校有比赛，省有竞赛，国有大赛"的职业院校技能竞赛体系。大赛分为中等职业学校和高等职业学校（含专科、本科层次）两个组别。大赛实行赛区制，比赛一般集中举办。

（1）全国职业院校技能大赛。全国职业院校技能大赛（以下简称"大赛"）是由教育部发起并牵头，联合国务院其他有关部门以及有关行业组织、人民团体、学术团体和地方共同举办的一项公益性、全国性职业院校师生综合技能竞赛活动。大赛每年举办一届。

大赛着重考核选手的综合素质和手脑并用能力。内容设计围绕职业教育国家教学标准和真实的工作过程、任务与要求，重点考查选手的职业素养、实践动手能力、规范操作程度、精细工作质量、创新创意水平、应变能力、工作组织能力和团队合作精神。省级技能大赛一般参照国赛标准执行。

全国职业院校技能大赛开幕

A. 赛项设置。每5年制定一次大赛执行规划，规划赛项设置方向和大赛发展重点，并制定赛项目录。大赛年度赛项以大赛执行规划为依据，每年遴选一次。

赛项设置对应职业院校主要专业群，对接产业需求、行业标准和企业主流技术水平。大赛赛项分为常规赛项和行业特色赛项两类。中职组赛项和高职组赛项数量根据实际情况来确定。

常规赛项指面向的专业全国布点较多、产业行业需求较大、比赛内容成熟、比赛用设备相对稳定、适当兼顾专业大类平衡的赛项；行业特色赛项指面向的专业对国家基础性、战略性产业起重要的支持作用，行业特色突出、全国布点较少，由大赛组委会根据需要核准委托行业设计实施，大赛统一管理的赛项。

中职组赛项设计突出岗位针对性；高职组赛项设计注重考查选手的综合技术应用能力与水平以及团队合作能力，除岗位针对性极强的专业外，不做单一技能测试。比赛形式分为团体赛和个人赛。

B. 参赛规则。参加技能比赛的中职选手为中等职业学校全日制在籍学生。高等职业学校专科、本科层次选手应为学校全日制在籍学生。五年制高职一、二、三年级学生参加中职组比赛，四、五年级学生参加高职组比赛。往届大赛获得过一等奖的学生不再参加同一项目相同组别的比赛。可根据需要选择合适的赛项进行社会公众观摩体验，促进全社会形成崇尚和学习技能的良好氛围。

比赛以赛项实际参赛队（团体赛）或参赛选手（个人赛）总数为基数设一、二、三等奖，获奖比例分别控制在10%、20%、30%。涉及专业布点数过少的行业特色赛项的设奖比例由大赛执委会根据常规赛项相应情况适当核减。

（2）世界技能大赛。世界技能大赛是最高层级的职业技能赛事，

选手在参加技能大赛

由世界技能组织举办，每两年举行一次，被誉为世界技能奥林匹克，是世界技能组织成员展示和交流职业技能的重要平台。

A. 赛项设置。世界技能大赛比拼的技能竞赛项目包括运输与物流、结构与建筑技术、制造与工程技术、信息与通信技术、创意艺术与时尚、社会与个人服务六大类别数十种职业技能。

每届大赛的竞赛项目都会有变化。2019年喀山第45届世界技能大赛设置了56个竞赛项目，2022年上海第46届世界技能大赛又增加了轨道车辆技术、移动应用开发等9个竞赛项目。

竞赛项目分为个人参赛项目和团体参赛项目。第45届世界技能大赛团体参赛项目包括园艺、移动机器人、机电一体化、混凝土建筑、网络安全、制造团队挑战赛6项。

有些竞赛项目仅出现一次，就告别了世界技能大赛舞台，比如广电维修项目。有些项目从1950年第一次比赛起，就一直保留，比如管道与制暖、砌筑等。

B. 参赛规则。世界技能组织规定，绝大多数参赛选手的年龄在大赛当年不得超过22周岁。特殊的技能竞赛项目如果需要放宽年龄限制，则必须经专家提议、竞赛委员会同意，并在赛前12个月召开的专题会议上获批后方可执行。

目前，获准放宽年龄限制的项目有信息网络布线、机电一体化、制造团队挑战赛和飞机维修，这4个项目参赛选手的年龄不得超过25周岁。

世界技能组织规定，针对每个技能竞赛项目，每个成员可选派1名（组）选手参赛。每名选手只能参加一个项目的比赛，且只能参加一届世界技能大赛。

世界技能大赛对所有符合年龄要求的年轻人"敞开大门"，没有任何在职或者在

学等身份的限制。

（五）工作过程

（1）收集本专业的技能训练规范。

（2）利用网络收集技能大赛的励志案例。

（3）梳理知识要点。

（六）评价与分析

活动过程评价表

班级		姓名		学号	
序号	评价要点		配分	得分	等级
1	能在规定的时间内自己查阅资料		1		
2	熟悉本专业的技能操作规范		3		
3	了解技能大赛的参赛规范		3		□A（9~10分） □B（7~8分） □C（6分以下）
4	理解工匠精神的内涵，并参与课堂互动		2		
5	按时完成老师布置的任务		1		
	总分		10		
总评					

学习活动3　体验企业仿真实践

（一）学习目标

（1）掌握虚拟仿真平台操作的基本知识。

（2）了解工学交替等岗位实践的有关要求，培养学生参加仿真实践的能力。

（二）学习准备

网络。

（三）学时建议

1学时

（四）体验企业仿真实践

1. 了解虚拟仿真平台

目前，各类虚拟仿真平台走进了职业院校的实训基地，不少学校在专业教学中利用虚拟仿真平台打造了沉浸式实训新体验。创新采用"虚拟仿真平台+劳动教育"形式，推进劳动教育与专业技能、专业知识相结合，为践行德智体美劳"五育"并举，培育大国工匠精神注入新的活力。

（1）建设创意劳动课程群。上海一职业院校利用校内的"数控加工、机器人实验室、数字化制造平台、智能制造综合实训平台"等虚拟仿真平台，打造了从自行车维修与机械传动、中国传统工艺鲁班锁的制作，到3D设计与输出、工艺品设计与激光特种加工，再到智能机器人控制、人机交互设计等一系列创意劳动课程，让学生在体验后总产生意犹未尽的感觉。

（2）采用线上线下相结合的教育形式。学生通过线上的虚拟仿真实验教学，了解基本现状，掌握基本原理；通过线下的实践操作，学会具体的专业技能，培养动手操作能力。如某职业院校推出的"金属腐蚀与科学防护"劳动实践课程，采取线上线下相结合的方式进行：通过线上的虚拟仿真实验教学，学生了解金属腐蚀的现状，掌握腐蚀发生的原因以及科学防护的原理；通过线下的实践操作，掌握基本的金属腐蚀与科学防护技能，培养学生的工程安全与防护意识。

2. 体验企业岗位实践

赴企业进行岗位实践是培养具有良好的职业道德、科学的创新精神和熟练的专业技能的人才的有效途径。学校通过校企合作，开展多种形式的研学活动，本部分重点介绍工学交替这一活动形式。

工学交替是指在以人为本、就业导向的教学思想指导下，以培养学生合格的职业技能为基本目标，根据职业能力的形成特点，组织学生在学校与企业两个不同场合、课堂与车间两个不同的学习情境中，采用不同的学习方式交替完成理论与实践知识学习的过程。

工学交替的主要任务是通过在企业真实的岗位进行生产性实习，让学生掌握实用的综合知识与技能，提高他们的动手能力，同时，通过企业文化的熏陶和学习，培养学生良好的职业素养和综合素质，提高他们的综合竞争力。

以新能源汽车技术专业群试点为例，学校以校企合作的形式安排学生前往新能源车企开展实践工作。该专业二年级的学生整班进入企业半工半读，时间周期一般为3~6个月，第一批（整班）岗位实践结束后，返校上课，第二批（整班）学生进入，以此方式循环进行。为保证企业岗位工作的有效衔接，前批学生需在交接完工作后方能离岗返校。在管理上以学生自主管理为主，老师管理为辅。学生进入企业后，以车间岗位和工作时间段为单位组建实践小组，每10人一组，设组长一名；以组为单位组建工学交替班，设班长一名。每100名学生配备1~2名带队教师，不足100名的以100名计算，带队教师以"辅导员+专业课教师"的形式配备，实行带队教师轮换制，形成"学生—组长—班长—带队老师"层层负责的管理机制。教务处、学生处、学生所在院系对学生的管理进行监督检查。岗位实践结束后，学生根据实习内容、岗位，结合所学专业写出实践报告并由实践企业给出实践鉴定。

岗位实践期间，专业课教师、辅导员与学生一起进入车间，对学生进行巡回指导。学校可在企业闲置的仓库里配置桌椅，每天晚上举行校外实践指导研讨活动，邀请部分同学发言，谈收获和体会。为培养学生独立思考、独立解决问题的能力，教师根据当天在车间的巡回指导情况，指出部分学生存在的不足，让学生作出改进或自己寻求解决的方法。专业课教师结合教学内容对学生遇到的难题作出解答。

（五）工作过程

（1）掌握学校虚拟仿真平台操作的基本知识。

（2）了解学校和企业对工学交替等岗位实践的要求，为工学交替等作好相应准备。

（3）总结仿真实践的经验。

（4）与同学分享仿真实践的感悟。

（六）评价与分析

活动过程评价表

班级		姓名		学号	
序号	评价要点		配分	得分	等级
1	熟悉虚拟仿真平台操作的基本知识		1		□A（9~10分） □B（7~8分） □C（6分以下）
2	了解工学交替等岗位实践的相关要求		2		
3	在学校的安排下，参加工学交替等企业仿真实践		4		
4	系统总结企业仿真实践的经验		3		
总分					
总评					

学习活动4　学习劳动法规

（一）学习目标

（1）了解劳动法规，培养劳动法治意识。

（2）知晓劳动权益的内涵。

（3）了解与自己专业相关的劳动法小知识

（二）学习准备

网络。

（三）学时准备

1学时

（四）学习劳动法规

1. 学习劳动法规，培养劳动法治意识

2007年以来，我国陆续颁布了《中华人民共和国劳动合同法》《中华人民共和国就业促进法》《中华人民共和国劳动争议调解仲裁法》《中华人民共和国社会保险法》等劳动与社会保障方面的法律，这些法律成为调整劳动关系的重要依据。

《中华人民共和国宪法》《中华人民共和国劳动法》《中华人民共和国职业教育法》等法律明确规定了职业院校学生在就业过程中享有双向选择、自主择业、公平竞争、平等就业、隐私保护等权利。《中华人民共和国民法典》《中华人民共和国劳动合同法》《中华

劳动法规

人民共和国就业促进法》《职业学校学生实习管理规定》等法律法规对职校学生在就业过程中涉及的或者可能出现的法律问题作出了规定。

劳动关系是最基本的社会关系之一。国家依法保障劳动者的基本权益，健全劳动关系协调机制，及时正确处理劳动关系矛盾纠纷，构建和谐的劳动关系，促进社会稳定发展。劳动者也要正确认识、处理发展过程中个人利益和集体利益、局部利益和全局利益、眼前利益和长远利益的关系，树立法治观念，增强法律意识，自觉维护社会和谐稳定。

2. 加强劳动保护，切实维护劳动权益

劳动保护是指国家和单位为保护劳动者在劳动生产过程中的安全与健康所采取的立法、组织和技术措施的总称。其内容通常包括劳动安全、劳动卫生、女工保护、未成年工保护、工作时间与休假制度。

劳动保护是我们国家的一项基本政策。"加强劳动保护，改善劳动条件"是被载入我国宪法的神圣规定。劳动保护是坚持社会主义制度的本质要求，是社会主义物质文明和精神文明建设的重要内容。只有加强劳动保护，才能确保安全生产、维护社会稳定、促进经济发展。

劳动权益，又称为劳动者权益，是指劳动者合法、合理的权力和利益。劳动者从与用人单位建立劳动关系时起就依法享有劳动权益。劳动权益是一种综合性的权益，保护劳动者的合法权益是我国劳动法的宗旨和基本原则。劳动权益包括平等就业和选

择职业的权利、获得劳动报酬的权利、获得休息休假的权利、获得劳动安全卫生保护的权利、接受职业技能培训的权利、享受社会保险和福利的权利、提请劳动争议处理的权利,以及法律规定的其他劳动权利。

我国宪法规定,中华人民共和国公民有劳动的权利和义务。在社会主义制度下劳动者的权利与义务相互依存、不可分离,两者是相互统一的,任何权利的实现总是要以义务的履行为条件。劳动者只有遵守各项安全操作规程,文明生产、安全生产,才能保障生产顺利进行,也才能切实保障自身的安全与健康。

3. 走近典型案例,有效提升劳动素养

案例一

员工入职十天就在上班期间受伤,他尚处于试用期,使用的也是临时工作证,且没有与公司签订劳动合同,公司能否以双方不存在合同关系为由拒绝给予其工伤赔偿?

2014年9月23日,广西贵港市港北区一"90后"男子徐某应聘到桂平市某陶瓷公司担任原料车间的粉仓工人,当时双方并没有签订劳动合同。2014年10月2日,正式上岗满十天,徐某就在工作时被机器皮带绞伤,后被送至桂平市人民医院住院治疗,诊断为左肱骨骨折。第一次住院治疗期间,某陶瓷公司为徐某交付了治疗费用。2014年10月16日出院后,徐某遵医嘱于2015年10月11日再次到桂平市人民医院住院治疗,拆除内固定物。然而,这一次住院,某陶瓷公司没有再为徐某支付治疗费用。

第二次住院治疗结束后,徐某就工伤认定、第二次住院医疗费用支付等问题,与某陶瓷公司进行了多次交涉,但都没有结果。2015年11月23日,徐某向桂平市劳动人事争议仲裁委员会申请仲裁,请求确认其与某陶瓷公司之间存在劳动关系。

然而,桂平市劳动人事争议仲裁委员会以徐某的申请超过仲裁申请时效为由裁定不予受理。为维护自己的合法权益,2016年1月5日,徐某向桂平市人民法院起诉,请求确认双方之间存在劳动关系。

• 裁判结果

经审理,桂平市人民法院认为,根据《中华人民共和国劳动法》第十六条规定,《中华人民共和国劳动法》实施后所有用人单位与职工全面实行劳动合同制度,之前相对于正式工而言的"临时工"已经不复存在。原告徐某从2014年9月23日开始在被告公司工作,并由被告公司发放工资,工作期间,原告徐某虽然未与被告公司签订劳动合同，但依照法律规定，被告公司自用工之日起即与原告建立劳动关系。因此，原告在被告处工作期间，双方已形成了劳动关系。

最终，桂平市人民法院依法判决原告徐某与被告某陶瓷公司之间存在劳动关系。

- 典型意义

《中华人民共和国劳动法》实施后，过去相对于正式工而言的"临时工"已经不复存在，所有用人单位均应依照《中华人民共和国劳动法》的相关规定与劳动者全面实行劳动合同制度。用人单位与劳动者订立劳动合同，建立劳动关系后，判断劳动关系是否解除应以双方是否协商一致或是否出现了双方约定或法定的解除条件为依据。

案例二

牛某某为左手大拇指缺失残疾，其于2019年10月10日到某物流公司工作，担任叉车工。牛某某在入职时提交了有效期内的叉车证，且入职体检合格。公司要求其填写了员工登记表，登记表上列明有无大病病史、家族病史、工伤史、传染病史，并列了"其他"栏。牛某某均勾选"无"。2020年7月4日，某物流公司以牛某某隐瞒持有残疾人证，不接受公司安排的工作为由解除劳动合同。2020年7月10日，牛某某申请仲裁，要求某物流公司支付违法解除劳动合同赔偿金30000元。2020年10月13日，劳动人事争议仲裁委员会裁决某物流公司支付牛某某违法解除劳动合同赔偿金5860元。牛某某起诉请求某物流公司支付其违法解除劳动合同赔偿金30000元。

- 裁判结果

上海市浦东新区人民法院经审理认为，某物流公司招聘的系叉车工，牛某某已提供有效期内的叉车证，并且入职体检合格，从工作情况来看，牛某某是否持有残疾人证并不影响其从事叉车工的工作，故某物流公司以牛某某隐瞒持有残疾人证为由解除劳动合同，理由不能成立，其解除劳动合同的行为违法，遂判决某物流公司支付牛某某违法解除劳动合同赔偿金5860元。

- 典型意义

用人单位为加强对劳动者的管理，有权了解劳动者的基本情况，但该知情权应当是基于劳动合同能否履行的考量，对于与此无关的情况，用人单位不享有过于宽泛的知情权。而且劳动者身体残疾的原因不一而足，对工作的影响也不可一概而论。随着社会对个人隐私保护越来越重视，在不影响工作的情况下，劳动者可以不主动向用

劳动保护

人单位披露其身有残疾的事实，而是作为一名普通人付出劳动，获得劳动报酬，这是现代社会应有的价值理念。用人单位承担着吸纳就业人员的社会责任，对残疾劳动者应当有所包容而不是歧视，更不能以此为由解除劳动合同。本案判决在维护残疾人劳动权益、保障残疾人平等参与社会生活方面起到了重要的示范引领作用。

4. 劳动法小知识

（1）用人单位没有与劳动者签订劳动合同的，劳动者可以随时解除劳动关系。

（2）用人单位没有与劳动者签订劳动合同的，劳动者可以要求获得最高11个月的双倍工资赔偿。

（3）工资应当以货币形式按月支付给劳动者本人。不得克扣或者无故拖欠劳动者工资。

（4）正常来说，工作满1年，劳动者有5天的带薪年假。用人单位不给带薪年假的，劳动者可向劳动保障监察局投诉，也可以要求支付3倍工资。

（5）用人单位不给劳动者缴纳社保的，劳动者辞职后，可以要求获得经济补偿。经济补偿的标准：按照劳动者在该单位的工作年限，满1年的支付1个月工资；6个月以上不满1年的，按1年计算；不满6个月的，支付半个月工资。

（6）劳动者在法定节假日加班必须获得3倍工资。劳动者在公休日加班可补休或者获得双倍工资。

（7）与用人单位签订3年以内劳动合同的，试用期不超过3个月。同一家用人单位只能约定一次试用期期限，一旦约定好，中途不能更改。

（8）试用期也需要缴纳社保：用人单位自用人之日起即与劳动者建立劳动关系，应该在劳动者入职后的30天内为其缴纳社保。因此，即使是在试用期，用人单位也应当为劳动者缴纳社保。

（五）工作过程

（1）利用网络查找劳动法相关资料。

（2）收集劳动纠纷的相关案例。

（3）梳理知识要点。

（4）与同学分享学习劳动法规的感悟。

（六）评价与分析

活动过程评价表

班级		姓名		学号	
序号	评价要点		配分	得分	等级
1	能在规定的时间内自己查阅资料		1		
2	了解劳动法规的相关知识		3		□A（9~10分） □B（7~8分） □C（6分以下）
3	理解劳动法规对个人及社会发展的重要作用		2		
4	分享劳动纠纷的真实案例		2		
5	按时完成老师布置的任务		2		
	总分		10		
总评					

【学习资源包】

解读2021版《职业学校学生实习管理规定》

2021年，教育部、工业和信息化部等八部门深入分析数字经济背景下岗位升级、职业场景变化的新形势，着眼实习全流程、聚焦关键环节，对2016年印发实施的《职业学校学生实习管理规定》（以下简称《规定》）进行了修订。

《规定》针对实习内容专业不对口、强制实习、收费实习、简单重复劳动、中介机构参与、违规安排加班和夜班等问题，提出1个"严禁"、27个"不得"，并明确

了处理规定，切实保障实习学生的合法权益。

《规定》明确实习内容"应基本覆盖专业所对应岗位（群）的典型工作任务，原则上不得跨专业大类安排实习""不得安排学生从事Ⅲ级强度及以上体力劳动或其他有害身心健康的实习"。

针对强制实习的问题，《规定》进一步保障了学生和家长的知情权，明确了所有学生参加统一组织的岗位实习均应当取得学生、学生监护人或家长签字的知情同意书，对学生及其法定监护人或家长明确不同意学校实习安排的，可自行选择符合条件的岗位实习单位。不得强制职业学校安排学生到指定单位实习，不得扣押学生的学生证、居民身份证或其他证件。

当前，中介机构介入实习赚取"人头费"，是产生强制实习、付费实习的重要源头。《规定》明确实习三方协议必须由职业学校、实习单位、学生三方签署，重申不得通过中介机构或有偿代理组织、安排和管理学生实习工作。

另外，《规定》在原来的不得"安排学生加班和夜班"基础上，进一步增加了实习单位应遵守国家关于工作时间和休息休假的规定，保障学生在岗位实习期间按规定享有休息休假、获得劳动卫生安全保护、接受技术技能指导等权利的要求。

针对学生的实习报酬和费用问题，《规定》明确：实习单位应给予学生适当的实习报酬，原则上应不低于本单位相同岗位工资标准的80%或最低档工资标准，支付周期不得超过1个月，不得以物品或代金券等代替货币支付或经过第三方转发，不得向学生收取实习押金、培训费、实习报酬提成、管理费、实习材料费、就业服务费或者其他形式的实习费用，不得要求学生提供担保或者以其他名义收取学生财物。

除为实习管理划定"红线"外，《规定》还有另外四个主要修订：

一是进一步强调实习的性质并优化内涵和边界，将"跟岗实习""顶岗实习"统一为"岗位实习"，同时提出，符合条件的生产性实训基地、厂中校、校中厂、虚拟仿真实训基地等，可作为实习单位；

二是要求实习单位名单须经校级党组织审议并对外公开，实习中遇有突发事件或重大风险应按照属地管理要求作好分类管控；

三是推动实习深度融入、校企协同育人，支持结合学徒制培养、中高职贯通培养等合作探索多种形式的实践性教学改革；

四是加强部门和地方协同配合，要求跨省实习须事先经学校主管部门同意，按程序报省级主管部门备案。

两把大火烧出的"劳动法"

1994年7月5日,《中华人民共和国劳动法》经第八届全国人大常委会第八次会议审议通过,并正式颁布。

谈及新中国成立以来的首部劳动法,总是不由让人将其与法律出台半年多前那两场灾难相连——1993年11月19日,港资企业深圳市葵涌致丽工艺制品厂发生特大火灾,87名工人失去生命,有名单的伤者51人。仅隔20多天,同年12月13日,福州市马尾经济技术开发区内的台商独资企业高福纺织有限公司再次发生特大火灾,造成61人死亡,7人受伤。

接连两场特大火灾,举国震惊。特别是致丽大火经《工人日报》详细报道后,引发各大媒体跟进,立法保护劳动者权益话题由此进一步升温。

"这两把大火的确加速了劳动法出台。让大家感到,如果再不立法对劳动者权益加以保护,将会导致严重的社会问题。"时任全国政协副秘书长和全国总工会副主席、书记处书记的张国祥强调,劳动法得以颁布,关键取决于党的十四大确立了建立社会主义市场经济体制的目标,取决于市场化的劳动关系必须要有法治来保驾护航。

作为当时的全国人大常委会委员,同时又是全国总工会副主席、书记处书记,张国祥参与了劳动法的起草工作。"不管付出多少辛劳、经历多少曲折,都要制定出劳动法!至少我们这些参与立法的人的信念从来没有模糊过。"张国祥说。

如果将追溯的目光投向劳动法颁布前的中国劳动领域,触目所及的是市场经济活力初现但又缺乏规则而且鱼龙混杂的"二元交叉"局面:一方面,公有制企业用工依然僵化,尽管已开始引入市场机制,可以面向社会通过劳动合同招用劳动者,但却是"新人新办法、老人老办法",固定工仍然是用工主体;另一方面,非公企业用工极其自由,用工不签劳动合同,也不缴纳社会保险等问题时有发生。

显然,如果再不通过立法进行调整和矫正,必然会影响社会稳定。对此,时任劳动部部长的李伯勇1994年3月2日在八届全国人大常委会六次会议上作的"关于《中华人民共和国劳动法(草案)》的说明"中,不无坦率地提出:"由于缺少比较完备的对劳动者合法权益加以保护的法律,在一些地方和企业,特别是在有些非公有制企业中,随意延长工时、克扣工资、拒绝提供必要的劳动保护的现象时有发生,以至酿成重大恶性事件。"

致丽和高福两把大火便是这类"重大恶性事件"的典型。当然,作为劳动领域的

基本法，劳动法强调对劳动者合法权益的保护，在深层次是适应了社会主义市场经济发展的迫切需要。

众所周知，市场经济体制的建立是生产要素的市场化过程，而人力资源的市场化是其重要组成部分。因此，在明确了建立社会主义市场经济体制的目标后，我国劳动体制必须向市场配置劳动力方向发展，必须将劳动关系纳入市场运行的轨道，并通过法律来明确劳动关系主体的权利、义务，维护劳动力市场秩序。

"以法律的形式肯定了劳动者的择业自主权和企业的用人自主权、分配自主权，对于进一步深化经济体制改革，完善劳动力市场，建立现代企业制度，将会起到强有力的推动作用。"这是劳动法起草小组负责人、时任劳动部副部长的张左己于劳动法颁布后在一篇文章中谈到的。

事实上，在劳动法实施后的几年里，我国劳动力市场比较快地扭转了计划用工与终身制、市场选择与合同制并存的局面，在法律框架内依照市场规则和劳动标准力求劳动关系双方权利合法、行为合规的理念，逐渐成为社会共识。

"劳动法确立了用人单位与劳动者的市场经济主体地位，为建立统一、公平的劳动力市场提供了基本原则和法制规则，为生产要素在价值规律作用下，按照市场规则自由流动打开了通行的闸门。同时，为公有制企业改变计划经济条件下的用工方式在法律制度上提供了依据。"曾任全国人大常委会副委员长的王胜俊对劳动法在健全市场经济体制、实现劳动关系市场化方面作出的重大贡献给予了高度评价。

社会实践篇

公益劳动多样化　厚植爱国爱民家国情怀

篇首语

　　社会实践活动拓展了学生的发展宽度，是社会教育与学校教育的结合。开设社会实践活动课程，有助于改变人们传统的教学观念，使人们明白教学不仅是黑板教学、传授教学、多媒体教学，社会大课堂更能促进学生综合能力的提升。把"课堂"延伸到社区乃至社会，让学生在生活中总结、感悟、提升。在这个"大课堂"里，学生是主角，他们自己是老师，也是学生；自己是导演，也是演员；自己是演员，也是观众，尽情地展现自我。这些是传统的课堂教学没有办法给予的。

任务十 志愿服务

【学习目标】

（1）能够复述志愿者的定义、志愿服务的基本内容，明确志愿者的权利和义务。

（2）掌握志愿服务技能和技巧，并与服务对象平等、愉快地沟通。

（3）学会一项基本技能，并投身于青年志愿服务活动中。

（4）能够独立完成一次志愿服务活动。

【建议学时】

3学时

【工作情境描述】

"3·5"是学雷锋日，也是中国青年志愿者服务日，班级准备组织一次青年志愿服务活动。

【工作流程与活动】

在接受工作任务后，首先查找资料，了解志愿者的内涵，清楚志愿服务的基本内容，明确志愿者的权利和义务，掌握志愿服务技能和技巧，并按照实施方案开展志愿服务活动。

学习活动1 认识志愿服务

（一）学习目标

（1）知晓志愿服务的内涵。

（2）能够准确说出志愿服务的四大特征。

（3）了解志愿服务对个人、服务对象和社会发展的重要作用。

（二）学习准备

网络。

（三）学时建议

1学时

（四）志愿服务

1. 概念

志愿服务是不以获得报酬为目的，自愿奉献时间和智力、体力、技能等，帮助他人、服务社会的公益行为。自2017年12月1日起，国务院颁布的《志愿服务条例》（简称《条例》）正式施行。《条例》指出，志愿服务是指志愿者、志愿服务组织和其他组织自愿、无偿向社会或者他人提供的公益服务。开展志愿服务应当遵循自愿、无偿、平等、诚信、合法的原则，不得违背社会公德、损害社会公共利益和他人合法权益，不得危害国家安全。

志愿服务

2. 特征

志愿服务具有四个特征，即：自愿性、无偿性、公益性、组织性。

（1）自愿性。社会公众可以选择是否参加志愿活动，志愿者是出于自由选择而非受到第三人或者外界的强制。出于个人义务、工作职责、法律责任从事的行为，不属于志愿服务。

（2）无偿性。指志愿服务的动机是非营利趋向的，不以物质报酬为目的，保证了志愿服务的本质是服务社会。

（3）公益性。志愿服务最核心的就是拒绝私利。《中国志愿服务大辞典》关于"志愿服务"的定义中，明确提出"服务于非近亲属"。如学生回家做家务等，都不是志愿服务。志愿服务主要是服务于社会公益事业。即服务的内容应是社会公众的公共利益和困难群体的利益，不是社会非困难群体的小团体利益。

（4）组织性。有组织的志愿服务能够极大地提升志愿服务的贡献度。志愿服务的组织性，如规范志愿者的招募和培训等，还有利于推动志愿服务的制度化、专业化发展，促进志愿服务事业持续健康发展。

3. 作用

（1）提升个人价值。为他人和社会提供志愿服务的同时，自身的能力、素质、声誉、品格等方面也将得到提升，这对志愿者本人专业能力的提高及优良品德的养成都有很大帮助。

（2）帮助服务对象融入社会，增强他们的归属感。志愿服务能有效帮助服务对象扩大社交圈子，增强他们对他人、对社会的信心，同时，志愿者对服务对象的关怀、鼓励和帮助，可减轻服务对象接受服务时的自卑感和疏远感，从而让他们树立自尊心和自信心。

（3）有利于社会进步。志愿服务是一种社会公益活动，其目的是推动社会主义精神文明建设，提高社会公众的整体素质，改善社会风气和人际关系，弘扬中华民族传统美德和社会主义新风尚，促进人类发展和社会进步。

（五）工作过程

（1）利用网络查找志愿服务的相关资料。

（2）收集志愿服务的相关案例。

（3）梳理知识要点。

（4）与同学分享对志愿服务活动的感悟。

（六）评价与分析

活动过程评价表

班级		姓名		学号		日期/星期	
序号	评价要点			配分	得分	等级	
1	能在规定的时间内自己查阅资料			1		☐A（9~10分） ☐B（7~8分） ☐C（6分以下）	
2	了解志愿服务的概念			1			
3	熟悉志愿服务的四大特征			1			
4	理解志愿服务对个人、服务对象和社会发展的重要作用			2			
5	交流对志愿服务活动的感悟			3			
6	至少参加一次课堂互动			1			
7	按时完成老师布置的任务			1			
	总分			10			
总评							

学习活动2　了解志愿者和志愿服务精神

（一）学习目标

（1）能够准确说出志愿者和志愿者标识的含义。

（2）清楚志愿服务精神的八字精髓及其内涵。

（3）列举中外历史上有影响的志愿者，介绍他们的典型事迹。

（二）学习准备

学习用具、网络。

（三）学时建议

1学时

（四）志愿者和志愿服务精神

1. 志愿者

志愿者是指志愿贡献个人的时间及精力，在不为获取任何物质报酬的情况下，为改善社会服务、促进社会进步而提供服务的人。参与志愿工作既是"助人"，亦是"自助"，既是"乐人"，也是"乐己"。参与志愿工作，既是在帮助他人、服务社会，也是在传递爱心和传播文明。

（1）志愿者标识。志愿者标识（通称"心手标"）的整体构图为心的造型，又是英文"Volunteer"的第一个字母"V"，红色；图案中央是手的造型，也是鸽子的造型，白色。标识寓意为中国志愿者向社会上所有需要帮助的人们奉献一片爱心，伸出友爱之手，表达"爱心献社会，真情暖人心"和"团结互助、共创和谐"的主题。

每年3月5日是中国青年志愿者服务日，12月5日是国际志愿者日。

中国青年志愿者的"心手标"

（2）志愿者注册的基本条件。

◆ 年满18周岁或16～18周岁以自己的劳动收入为主要生活来源者；14～18周岁者，须经其法定代理人同意；未满18周岁的在校学生申请注册的，按所在学校有关规定办理。

◆ 具备参加志愿服务的基本能力和身体素质。

◆ 遵守国家法律法规和注册机构的相关规定。

（3）志愿者的权利和义务。

权利：

◆ 参加志愿服务活动。

◆ 接受相关的志愿服务培训，获取志愿服务活动真实、必要的信息。

◆ 获得进行志愿服务的必需条件和必要保障。

◆ 优先享有志愿者组织和其他志愿者提供的服务。

◆ 对志愿服务工作提出意见和建议。

◆ 相关法律、法规、政策所赋予的权利。

◆ 可申请取消注册志愿者身份。

义务：

◆ 遵守国家法律法规及团组织、志愿者组织的相关规定。

◆ 每名注册志愿者根据个人意愿至少选择参加一个志愿服务项目或活动，每年参加志愿服务时间累计不少于20小时。

◆ 履行志愿服务承诺，完成志愿服务任务，传播志愿服务理念。

◆ 自觉维护团组织、志愿者组织和志愿者的形象。

◆ 在志愿者职责范围内，自觉维护服务对象的合法权益。

◆ 自觉抵制任何以志愿者身份从事的营利活动或其他违背社会公德的活动（行为）。

◆ 依法应当承担的其他义务。

志愿者

2. 志愿服务精神

志愿服务精神概括起来为奉献、友爱、互助、进步。

"奉献"——原指恭敬地交付、呈献，即不求回报地付出。奉献精神是高尚的，是志愿服务精神的精髓。志愿者在不计报酬、不求名利、不要特权的情况下参与推动人类发展、促进社会进步的活动，这些都体现了高尚的奉献精神。

"友爱"——志愿服务精神提倡志愿者欣赏他人、与人为善、平等尊重，这便是友爱精神。志愿者之爱跨越了国界、职业和贫富差距，是没有文化差异，没有民族之分，没有收入高低区别的平等之爱，它让社会充满阳光般的温暖。

"互助"——志愿服务包含深刻的互助精神，它提倡"互相帮助、助人自助"。志愿者凭借自己的双手、头脑、知识、爱心开展各种志愿服务活动，帮助那些处于困难和危机中的人们。志愿服务者以互助精神唤醒了许多人内心的仁爱和慈善，使他们付出所有，持之以恒地真心奉献。

"进步"——进步精神是志愿服务精神的重要组成部分，志愿者通过参与志愿服务，使自己的能力得到提升，同时促进了社会进步。志愿活动中无处不体现着进步的精神，正是这一精神使人们甘心付出，尽力追求社会和谐之境的实现。

（五）工作过程

（1）通过多种途径搜集自己身边的志愿者的事迹。

（2）与志愿者联系，对他们作一次简单的采访。

（3）围绕志愿服务精神开展讨论交流。

（六）评价与分析

活动过程评价表

班级		姓名		学号		日期/星期	
序号	评价要点			配分	得分	等级	
1	能在规定的时间内自己查阅资料			1		□A（9~10分） □B（7~8分） □C（6分以下）	
2	能复述志愿者的定义			1			
3	知道志愿服务精神的八字精髓			1			
4	交流讨论志愿服务精神的内涵			2			
5	能够把书本知识运用到活动中			2			

续表

班级		姓名		学号		日期/星期	
序号	评价要点			配分	得分	等级	
6	能列举中外历史上有影响的志愿者至少一人，说出他们的典型事迹			1			
7	至少参加一次课堂互动			1			
8	按时完成老师布置的任务			1			
	总分			10			
总评							

学习活动3　常见志愿服务类型与志愿者表彰

（一）学习目标

（1）了解志愿服务的常见类型及其主要形式。

（2）知晓志愿者评级和表彰内容。

（3）参与校内志愿服务活动。

（二）学习准备

学习用具、网络。

（三）学时建议

1学时

（四）常见志愿服务类型与志愿者表彰

1. 常见志愿服务类型

常见的志愿服务有如下主要类型。

（1）扶贫济困。扶贫济困主要针对生活困难群体，包括城乡因贫致困、因病致困、因教致困等危困家庭和个体提供志愿服务。例如节日关怀、捐款捐物、爱心助学、生活照料、义务家教、文化娱乐、医疗卫生等。

（2）扶残救弱。扶残救弱指为帮助残疾和弱势群体解决生活中的实际困难而提供的志愿服务。例如对残疾和弱势群体进行生活照顾、医疗保健、接受教育、文体娱乐、情感慰藉、政策宣传、法律援助、心理援助、学习培训、就业服务等。

（3）帮老助老。帮老助老是面向老年人，给他们提供生活照料、精神慰藉等方面的志愿服务，服务对象大多为高龄老人、空巢老人、失能老人等。服务形式有生活照顾、医疗保健、文体娱乐、情感慰藉、心理援助等。

（4）慈善捐助。慈善捐助是针对某地区发生的重大灾难事件、特定的人或家庭的经济困难，自愿奉献爱心、捐赠款物的善行义举。例如灾民救助、物资捐献、扶残救助、医疗救助等。

（5）环境保护。环境保护是指为解决人类面临的现实的或潜在的环境问题，协调人类与环境的关系，保障经济、社会的持续发展而开展的各种志愿服务。例如义务植树、绿化美化、整治污染、节能减排、环保监督、环保宣传等。

（6）文明劝导。文明劝导是指为摒弃陋习、树立新风、增加公民的道德意识及文明修养，对公共生活领域的不文明行为进行善意规劝的一种志愿服务活动。包括公共秩序整治、社会文化环境净化、文明新风倡导宣传，以及劝导文明交通、文明经营、文明言行、文明处世等。

（7）社区服务。社区服务是针对社区全体居民展开的志愿服务，是一种自助社会服务，其内容覆盖社区居民生活的方方面面，包括生活帮扶、青少年教育、技能辅导、医疗保健、心理咨询、文体娱乐、信息咨询、法律援助、社区安全、交通协管、禁毒宣传、卫生环保等。

（8）应急救援。应急救援指针对突发的、具有破坏力的紧急事件采取预防、预备、响应和恢复的志愿服务活动。其基本任务包括营救受害人员、迅速控制事态、消除危害后果等。

（9）大型活动。大型活动主要包括向大型活动参加者和各方来宾提供文明宣传、信息咨询、活动秩序引导、接待协助、语言翻译、残障人士援助、媒体服务、活动论坛组织协助、应急救援等志愿服务。

（10）乡村振兴。乡村振兴主要包括给予乡村发展以相应支持，提供生计发展基金，开展生计培训，为困难群众赋能，支持群众开展生产，协调合作企业，从而改善乡村经济条件的活动；助力乡村教育，改善山区学校建设等活动。

志愿服务活动

2. 志愿者表彰

志愿者组织、公益慈善类组织和社会服务机构建立以服务时间和服务质量为主要内容的志愿者星级评定制度，对获得相应星级的志愿者予以标识，并推荐参加相关的评选和表彰。志愿服务记录时间累计达到100小时、300小时、600小时、1000小时和1500小时的志愿者，可以依次申请评定为一星级、二星级、三星级、四星级、五星级志愿者。

各级团组织、志愿者组织依据注册志愿者的服务时间、服务业绩，根据有关规定，定期组织开展评选表彰活动，授予志愿者荣誉称号和相应的服务奖章。共青团中央、中国青年志愿者协会定期组织开展中国青年志愿者优秀个人奖、组织奖、项目奖评选表彰活动。

（五）工作过程

（1）通过多种途径了解不同的志愿服务活动。

（2）组织策划一次志愿服务活动。

（3）利用课余时间参与一次志愿服务活动。

（六）评价与分析

活动过程评价表

班级		姓名		学号		日期/星期	
序号	评价要点			配分	得分	等级	
1	能在规定的时间内自己查阅资料			1		☐A（9～10分） ☐B（7～8分） ☐C（6分以下）	
2	知晓几种常见的志愿服务类型			2			
3	参与一次志愿服务活动			2			
4	组织策划一次志愿服务活动			2			
5	至少参加一次课堂互动			1			
6	按时完成老师布置的任务			1			
7	与亲人朋友分享参加志愿服务活动的感受			1			
	总分			10			
总评							

【学习资源包】

安徽黄山迎客松下"志愿红"[①]

在黄山玉屏索道下站，温泉综治组办公室的墙上挂满了锦旗。每一面锦旗背后，都有一个学雷锋的故事。

"前不久，我们又收到一面'乐于助人 救人危难'的锦旗，那是一名东北游客寄来的，特意感谢我们的'救命之恩'。"黄山风景区迎客松志愿服务队队员、温泉综治组中队长朱荣辉介绍说。

原来，仰慕黄山已久的东北游客李某徒步登山时，在立马桥的游步道上崴了脚，疼痛难忍。上不能上、下不能下，只好打电话求助。

朱队长接到电话后，立刻喊上救援小组的志愿者，带上救援担架，一路"急行军"，火速赶到李某身边。

原本要走一个多小时的山路，半个小时他们就赶到了。"早一点到达，游客就少

[①] 张岳：《安徽黄山迎客松下"志愿红"》，《安徽日报》，2023年3月3日，有改动。

一点痛苦，多一分安心。"救援志愿者打开担架，让李某躺在上面，一路护送下山。前面的志愿者用肩膀扛着担架的前端，后面的队友用手抬着，大家齐心协力一步步地朝山下移动。

从担架上下来后，李某从钱包里抽出好几张百元大钞，使劲往志愿者手里塞。志愿者摁住李某的手，情真意切地说："我们救援不是为了报酬，是为了每一名来黄山的游客高兴而来、满意而归。"李某深受感动，不停地称赞他们是"活雷锋"。等将李某送上救护车，志愿者们都累得气喘吁吁，瘫坐在路边。

无论春夏秋冬、寒暑往来，只要游客有需要，志愿者们都随叫随到，用心用情服务好每一位游客。在黄山风景区除了乐于助人的救援志愿者，还有生态文明宣传志愿者、文明劝导志愿者、迎客松义警志愿者等。

在黄山风景区各个集散点，常年设置了志愿服务台，身穿"红马甲"的迎客松志愿者不停忙碌着，为游客提供旅游咨询、救助服务、热水供应、景点讲解等。游客摔倒了，他们上前扶起；游客对选择哪条游览路线犹豫不决时，他们作好引导；有些游客丢失重要的物品，他们积极帮助游客找寻失物。

"前往迎客松景点，请走这边游道。这里有热水和姜汤，如有需要请您把水杯给我。"黄山风景区光明顶迎客松志愿者小程，常年这样细致、热情地为游客指引道路，提供咨询志愿服务。"姜汤热乎乎的，暖了身体，更温暖了心。这种感觉真好！"一位来自合肥的游客说。暖心的志愿服务，受到全国各地游客的频频点赞。

黄山风景区迎客松志愿服务总队共有570名志愿者，下设11支志愿服务队，设立了"最美玉屏""魅力狮林""奋进白云"等9个志愿服务站点，常态化开展旅游咨询、文明劝导、生态保护、救助救援等志愿服务。志愿服务总队每年平均捡拾垃圾130吨、开展各类救助救援400多起、劝导游客不文明行为900多次，累计服务游客70余万人次。志愿者们用自己的辛勤付出为来自五湖四海的景区游客提供服务，他们也成了美丽黄山的另一道亮丽风景。

任务十一 节假日兼职

【学习目标】

(1) 了解节假日兼职的注意事项。
(2) 能识别常见的兼职骗局。
(3) 能对常见的兼职骗局作出分析。
(4) 学会维护个人兼职权益。

【建议学时】

2学时

【工作情境描述】

"节假日在家很无聊,想去找个兼职挣点零花钱,顺便锻炼一下自己,我平时话不多,挺影响与人交流的。"正在一家电器店门口散发宣传材料的职业院校学生小张说。节假日期间,有许多像小张这样的学生,他们会选择在闲暇时间出去兼职,认为做兼职既可以为以后工作积累经验,又能填补自己的"小金库"。因平时需要上课,为不影响学习,所以不少同学会选择在节假日去做兼职。

【工作流程与活动】

参照学习目标,从兼职骗局、兼职劳务关系等方面进行学习,制定兼职计划,积极参与节假日兼职实践活动,并完成活动过程评价表。

学习活动1 识别兼职骗局

(一)学习目标

(1) 熟悉学习、生活中常见的兼职骗局。
(2) 了解节假日兼职的注意事项。

（二）学习准备

学习用具、网络。

（三）学时建议

1学时

（四）常见的兼职骗局

节假日期间，不少学生选择去参加社会实践或做兼职，在给自己积累社会经验的同时，也为自己带来一些收入。但节假日兼职有风险，所以在寻找假期兼职时须注意防骗。

1. 假期兼职常见骗局

（1）高薪兼职。这类标榜高薪、日结、手机可操作的在线兼职，或者其他工作内容简单、薪酬丰厚的推销工作，大多是骗局。诈骗团伙通过这些噱头引诱兼职人员前来应聘，之后便以保证保密文稿不外泄、确认合作资质等借口，要求应聘者缴纳一定的保证金或押金。而应聘者缴纳押金之后，骗子就跑路消失了，被骗的钱财也难以追回。

电信网络诈骗

（2）网络刷单。这类时下盛行的网络刷单兼职骗局，利用学生想挣钱但又不愿奔波的心理，以工作轻松方便为幌子吸引兼职学生。骗子们先让学生以小金额刷单，给予一定甜头，等学生对骗子有了基本信任后，骗子就会让他们进行高额刷单，并承诺可获取丰厚的返利。而骗子一旦得手，就会销声匿迹，兼职学生因而损失不少钱财。

（3）收费培训。一些骗子公司在招聘人员时，要求应聘者先参加岗前培训，借培训之名收取培训费，并故意延长培训时间，按天数收取费用，而应聘者上岗后真正的上岗时间远少于培训时间，薪酬也低于上缴的培训费，甚至有的黑中介在收取培训费后就直接卷钱消失。

网络刷单骗局

（4）招工收费。这类公司通常以一些看起来适合学生的低技术岗位，如文秘、打字员、助理等的名义进行招聘，经过简单的面试就宣布，应聘的学生被录用了，然后提出收取一定的押金，如上班的保证金、置装费、建档费，甚至要求学生上交身份证和学生证，而诈骗分子会用这些证件做什么，我们却是不得而知。在缴纳一次费用之后，各种名目的费用就会纷至沓来。有些被骗者为了将之前缴纳的费用收回则是欲罢不能，结果是钱被骗得更多。

网络招聘骗局

（5）兼职代理。通过微信群、QQ群等进行的招聘有很大一部分是兼职骗局，骗子通过这些渠道发布招聘信息，推荐各种"三无"化妆品、面膜、保健品代理岗位，并表示只要缴纳一定费用就能成为代理。也有的是团伙作案，谎称自己是商家需要进货，让兼职人员高额购入大量商品，然后便杳无踪迹，兼职人员则以高价购买了一堆无用的商品。

（6）传销陷阱。伴随网络的发达，传销日渐渗透到网络上，相比于传统传销，借助于互联网传播的网络传销涉案金额往往更高、涉众更广、隐蔽性和欺骗性更强。但不管网络传销如何伪装，其模式仍是新人缴纳入门费、发展下线拉人头、按照层级来提成。

2. 假期兼职如何防骗

（1）避免轻信，降低风险。学生兼职被骗多是因经验不足所引起的，不法分子利用学生涉世未深，以及急于找工作赚钱的心理，骗财骗色。学生找兼职时，一定要认真选择，对除学校等官方机构以外发布的信息保持警觉。

（2）增强自我保护意识，维护合法权益。再三确认用人单位的情况，确保其正规、合法，如果发生劳动纠纷，应立即向学校和当地劳动部门举报求助。工作之前一定要签订劳动合同，约定工作时间、期限、工作内容、劳动报酬、支付方式、劳动条件等，如遇索取报名费、押金、培训费等情况应谨慎应对。

（3）从正规渠道获取兼职信息。

第一，从用人单位直接获取招聘信息，其可信度比较高。

第二，从正规的中介机构获取招聘信息，对于证照不全、操作不规范或漫天要价的中介，要多加小心。

第三，从正规的招聘网站获取招聘信息并仔细审查。

第四，从校内社团获取招聘信息。很多职业院校的学生会都设有专门的社会实践部，它们提供的信息基本可靠，即使出现问题也有社团负责人与企业协商解决。

第五，找父母、亲戚或者老师为自己介绍兼职。

3. 被骗后如何应对

（1）遇事冷静，不要慌张。当遭遇诈骗，我们应保持冷静，切莫慌张。首先要确定自己的损失，可以的话，列出损失清单，供报案使用。

（2）搜集、保存证据。注意搜集和保存体现自己工作时间、工作内容的材料，如打卡记录、工资条、工作牌，以及与对方的转账或汇款记录、聊天记录、通信记录等，作为维权凭证。

（3）积极寻求帮助。发现被骗可以第一时间报警，向警察寻求帮助，另外，可以到当地劳动监察部门投诉或申请劳动仲裁维护自己的合法权益，或者到法院起诉。

（五）工作过程

（1）利用网络查找常见的兼职骗局。

（2）总结节假日兼职的注意事项和应对方法。

（3）情景模拟被骗后的处置步骤。

（4）开展节假日兼职防诈骗交流。

（六）评价与分析

活动过程评价表

班级		姓名		学号		日期/星期	
序号	评价要点			配分	得分	等级	
1	熟悉假期兼职常见骗局			1		☐A（9~10分） ☐B（7~8分） ☐C（6分以下）	
2	知晓假期兼职诈骗防范方法			2			
3	掌握节假日兼职被骗后的应对方法			2			
4	模拟演练被骗后的处置方法			3			
5	交流节假日兼职防诈骗感悟			1			

续表

班级		姓名		学号		日期/星期	
序号		评价要点		配分	得分	等级	
6	按时完成老师布置的任务			1			
	总分			10			
总评							

学习活动2　维护兼职权益

（一）学习目标

（1）了解相关法律法规对兼职的定位。

（2）掌握维护兼职相关权益的方法。

（二）学习准备

学习工具、网络。

（三）学时建议

1学时

（四）维护兼职权益

1. 劳动关系与劳务关系

劳动关系是指劳动者与用人单位依法签订劳动合同而在劳动者与用人单位之间产生的法律关系。劳动者接受用人单位的管理，从事用人单位安排的工作，成为用人单位的成员，从用人单位领取劳动报酬和受劳动保护。

劳务关系是平等主体之间就劳务的提供与报酬的给付所达成的协议，遵循意思自治、合同自由和等价有偿的原则，雇主与雇员之间形成的是一种债权债务关系，劳务关系不受劳动法调整，应适用《中华人民共和国民法典》的规定。

劳动关系与劳务关系存在以下区分。

（1）主体不同。劳动关系一方是符合劳动年龄并具有与履行劳动合同义务相适应能力的自然人，另一方是符合劳动法规定条件的用人单位；劳务关系不限于自然人与用人单位之间，还可以是单位之间、自然人之间，并且可能是两个以上主体。

（2）关系不同。劳动关系中形成的是管理与被管理、监督与被监督、指挥与被指挥的隶属关系；劳务关系是平等主体依据双方约定所形成的一种财产关系，不存在人身隶属性。

（3）关系的稳定性不同。劳动关系比较稳定，反映的是一种持续的生产资料、劳动者、劳动对象之间的结合关系；而劳务关系多为一次性或临时性的工作，一般以完成特定的工作为目的。

（4）待遇不同。劳动关系中劳动者除定期得到劳动报酬外还享有劳动法律法规所规定的各项待遇，如社会保险等，而劳务关系一般只涉及劳动报酬问题，劳动报酬都是一次性或分期支付，而无社会保险等其他待遇。

2.假期兼职学生与用人单位之间的关系

根据劳动部在1995年颁布的《关于贯彻执行〈中华人民共和国劳动法〉若干问题的意见》（劳部发〔1995〕309号）第12条规定：在校生利用业余时间勤工助学，不视为就业，未建立劳动关系，可以不签订劳动合同。

大学生校外兼职

《中华人民共和国劳动合同法》《中华人民共和国劳动争议调解仲裁法》施行以后，若兼职者与用人单位签订了合同，则认为该兼职属于劳动关系；若双方当事人未签订合同也未达成口头协议，则认为该兼职属于劳务关系。学生在从事兼职活动时，应仔细了解自己所享有的权利，以及对于兼职单位应承担的义务，注重保护自己的合法权益。有关双方之间的法律关系以及权利义务，最好能通过书面合同的形式予以确认。

3. 学生兼职如何维护个人权益

首先认真审核用工单位是否具备合法的用工主体资格，其次要求和用工单位签订用工协议。通过用工协议来明确约定工作时间和期限、工作内容、劳动报酬及其支付方式、伤害赔偿、劳动条件等，以维护自己的合法权益。

在无法签订用工协议时，也要注意留存能够证明自己与用人单位发生劳务关系的相关证据，如工资条、工作牌、聊天记录等信息，以便通过司法途径来维护自己的相关权益。

（五）工作过程

（1）利用网络查找兼职劳动关系的相关资料。

（2）收集兼职维权的相关案例。

（3）围绕兼职维权开展讨论交流。

（六）评价与分析

活动过程评价表

班级		姓名		学号		日期/星期	
序号	评价要点			配分	得分	等级	
1	理解劳动关系与劳务关系的区别			2		□A（9～10分） □B（7～8分） □C（6分以下）	
2	收集兼职维权的相关案例			2			
3	知晓维护个人兼职权益的方法			2			
4	参与兼职维权交流讨论			2			
5	积极参与课堂活动			2			
	总分			10			
总评							

【学习资源包】

大学生校外兼职安全须知

为提高同学们安全防范意识，本中心温馨提示：

（1）在做校外兼职之前，须问清工作的性质、时间、地点、形式、待遇等细节，并仔细斟酌，再作决定。当确定要参加此项工作时，务必认真填写应聘人员登记表。

（2）参加兼职工作最好结伴而行，临行前须告知舍友或同学自己的去向及工作单位的联系方式，如有必要，须和同学作好约定，保持定时联系。

（3）在工作之前，如果兼职单位以任何借口要求学生缴纳押金、培训费、服装费或抵押有效证件时，学生应严词拒绝。

（4）切不可盲目轻信高工资、高待遇或熟悉的人或单位推荐的工作，警惕传销陷阱，提高自我防范意识。求职过程中一旦发生自身合法权益受到威胁或侵害的情况，应设法借故离开，及时报警，注意保留证据，比如记清招聘单位的详细地址，保留能证明招聘单位不规范行为的凭证等，并及时向学校学生处或保卫部门反映情况。

（5）做兼职工作时，不要随意接受别人的馈赠，避免单独与公司工作人员长时间交谈，不要轻易将自己的个人信息（如家庭电话号码、身份证号码等）告知他人，防患于未然。

（6）女生着装应尽量职业化；警惕单位领导对你过分亲热、过多表扬，甚至请吃饭等行为；不要轻易答应别人送你回家，晚回家最好让朋友来接或者走人多的地方；尽量不要跟随别人去人少的地方或者鱼龙混杂的场所；公众场合尽量不要喝酒。

（7）工作途中注意交通安全，并保管好自己的贵重物品。

×××大学学生勤工助学服务中心

兼职大学生拿到了加班费[①]

"实在没想到，两天时间就拿到了钱，真的非常感谢检察官！"近日，两名女大学生拿到被拖欠的加班费，激动不已。从当事人提出监督申请到达成和解结案，江苏

[①] 邵婧、李萍：《兼职大学生拿到了加班费》，《检察日报》，2023年3月3日，有改动。

省南通市崇川区检察院联合劳动人社部门仅用了两天时间，就成功办结了一起劳动报酬纠纷检察监督案件，切实维护了兼职大学生群体的合法权益。

2022年8月25日，南通某大专院校两名在校生徐某、郏某向崇川区检察院申请监督，案由为工资纠纷。该院受理申请后立即指派检察官介入，了解案件相关事实。

原来，徐某、郏某暑假期间在市区某食品店打工近两个月，双方未签订劳动合同，仅口头约定每小时工资和每日工作时间。两人打工结束后，店家按照每日100元一次性支付了两人的劳动报酬。但两名申请人认为，每周五至周日两人实际工作时间大大超出原约定时间，故店家应当支付超时加班费，店家拒不支付。8月18日，两人曾向崇川区劳动人事争议仲裁委员会提出仲裁申请，该委员会经审查认为，两人均系在校学生，非劳动人事争议仲裁适格的仲裁主体，遂作出不予受理决定。

两名学生开学在即，如果走民事支持起诉的诉讼程序，耗费时间精力不说，还会影响她们正常的学业，如何快捷高效地维护她们的合法权益？办案检察官向两名申请人充分释法说理：争议双方不属于劳动合同关系，区仲裁委作出不予受理决定并无不当，但两人暑期打工的行为与店家之间形成了事实上的雇佣关系，属于民事法律行为，两人要求店家支付加班费的诉求于法有据。同时，检察机关也向店家负责人说明，现有证据表明该店的确有欠薪违法行为，由于争议金额不大，建议店家通过非讼途径解决。权衡利弊之后，双方当事人均同意和解。

8月26日，崇川区检察院会同区劳动监察大队组织双方当事人开展促和工作，双方当日签署和解协议，约定由某食品店一次性各支付徐某、郏某加班费人民币1500元。某食品店当场支付完毕。

"大学生利用课余时间做兼职、打零工，签订书面的劳动合同很重要。"办案检察官指出，"如果遇到被拖欠工资或者其他权益受损的情况，应及时向当地劳动部门反映，也可以向检察机关寻求法律帮助。"

任务十二 勤工助学

【学习目标】

(1) 熟悉国家的有关资助政策。

(2) 通过勤工助学创造物质财富以改善生活条件。

(3) 学会一定的生产知识和劳动技能。

(4) 培养新时代的劳动精神、劳模精神。

【建议学时】

2学时

【工作情境描述】

因家庭经济困难对继续完成在校学业造成影响的学生，可以向学校递交勤工助学申请书。学校会从申请者中选择一部分学有余力且家庭经济困难的学生，让他们利用课余时间通过自己的劳动，取得合法收入，以改善学习和生活条件。

【工作流程与活动】

接受工作任务之前，应详细分析自身的优势、所学专业等与工作岗位的联系，进而有针对性地去选择岗位，开展工作。

学习活动1 了解资助政策

（一）学习目标

(1) 熟悉国家对于家庭经济困难学生可以提供的资助。

(2) 根据个人家庭情况选择适合自己的资助方式或向需要的同学进行政策宣传。

（二）学习准备

网络。

（三）学时建议

1学时

（四）职业教育学生资助政策

职业教育学生资助政策在吸引更多的学生和社会青年接受职业教育、提高劳动力整体素质、促进教育公平方面发挥了重要作用。国家建立了较为完善的学生资助制度，中等职业教育方面，构建了以免学费、国家奖助学金为主，学校和社会资助等为补充的资助政策体系。高等职业教育方面，建立了国家奖学金、国家励志奖学金、国家助学金、国家助学贷款、基层就业学费补偿贷款代偿、应征入伍国家资助、新生入学资助、退役士兵学费资助、勤工助学、校内奖助学金、困难补助、伙食补贴、学费减免及新生入学"绿色通道"等相结合的资助政策体系。

1. 国家奖学金

国家奖学金由中央政府出资设立，用于奖励高校中特别优秀的学生。国家奖学金的奖励标准为每生每年8000元。2019年，国家首次设立中等职业教育国家奖学金，用于奖励中等职业学校（含技工学校）全日制在校生中特别优秀的学生，每年奖励2万名学生，奖励标准为每生每年6000元。

2. 国家励志奖学金

国家励志奖学金是为了激励高校家庭经济困难的学生勤奋学习、努力进取，在德智体美劳等方面全面发展，由中央和地方政府共同出资设立的，奖励资助品学兼优的家庭经济困难学生的奖学金，奖励标准为每生每年5000元。

3. 国家助学金

国家助学金的资助范围为全日制学历教育正式学籍一、二年级在校涉农专业学生和非涉农专业家庭经济困难学生，平均资助标准为每生每年2000元，各地结合实际在1000～3000元范围内确定，可以分为2～3档。

4. 国家助学贷款

国家助学贷款是由政府主导，金融机构向高校家庭经济困难学生提供的信用助学贷款，帮助解决他们在校期间的学费和住宿费。贷款学生在校期间的国家助学贷款利息全部由财政支付，毕业后的利息则由借款人全额支付。根据学生申办地点及工作流程的不同，国家助学贷款分为校园地国家助学贷款与生源地信用助学贷款两种模式。本专科生每人每年最高不超过8000元。

5. 学校资助

学校每年安排一定的经费，用于学费减免、勤工助学、校内奖学金和特殊学生困难补助等。

6. 社会资助

社会资助主要指社会团体、企事业单位以及个人对职业院校家庭经济困难学生的资助。

7. 岗位实习

学生到企业等单位实习，可以获得一定报酬，用于支付学习和生活费用。

8. 其他资助政策

绿色通道：家庭经济特别困难的新生如暂时筹集不齐学费和住宿费，在开学报到期间，可通过学校开设的"绿色通道"先办理入学手续。入学后，学校资助部门根据学生的具体情况开展困难认定，采取不同措施予以资助。

学费减免：公办职业院校中家庭经济特别困难、无法缴纳学费的学生，特别是孤残学生、少数民族学生及烈士子女、优抚家庭子女等，可获得减免学费资助。具体办法由职业院校制定。接受中等职业教育的所有农村（含县镇）学生、城市涉农专业学生和家庭经济困难学生、民族地区学校就读学生和戏曲表演专业学生免除学费（其他艺术类相关表演专业学生除外）。

（五）工作过程

（1）知道各种资助政策及不同资助方式的申请流程。

（2）在校园内组织一次资助政策宣传活动。

（3）寻找受资助的典型案例。

（4）将资助政策与亲戚朋友分享。

（六）评价与分析

活动过程评价表

班级		姓名		学号		日期/星期	
序号	评价要点			配分	得分	等级	
1	熟悉各种资助政策			2		☐A（9~10分） ☐B（7~8分） ☐C（6分以下）	
2	知晓不同资助方式的申请流程			2			
3	完成资助政策宣传活动策划			2			
4	提供受资助的典型案例			2			
5	积极参与课堂活动			1			
6	按时完成老师布置的任务			1			
	总分			10			
总评							

学习活动2　认识勤工助学

（一）学习目标

（1）根据自己的特长和专业发展方向选择合适的勤工助学岗位。

（2）熟悉所选岗位的职责标准，切实履行好职责。

（二）学习准备

网络。

（三）学时建议

1学时

（四）勤工助学的含义和岗位

勤工助学活动是学生在学校的组织下利用课余时间，通过劳动取得合法报酬，用

于改善学习和生活条件的实践活动。勤工助学是学校学生资助工作的重要组成部分，是提高学生综合素质与资助家庭经济困难学生的有效途径，也是实现全程育人、全方位育人的重要载体。

1. 岗位类型

勤工助学岗位分固定岗位和临时岗位。固定岗位是指持续一个学期以上的长期性岗位和寒暑假期间的连续性岗位；临时岗位是指不具有长期性，通过一次或几次勤工助学活动即完成任务的工作岗位。

2. 宗旨原则

勤工助学活动坚持"立足校园、服务社会"的宗旨，按照学有余力、自愿申请、信息公开、扶困优先、竞争上岗、遵纪守法的原则，由学校在不影响正常的教学秩序和学生正常学习的前提下有组织地开展。

3. 工作时间

学生参加勤工助学的工作时间原则上每周不超过8小时，每月不超过40小时。寒暑假期间，勤工助学的时间可根据学校的具体情况适当延长。

4. 劳动报酬

学生参加校内临时岗位的勤工助学按小时计酬，每小时酬金参照学校当地政府或有关部门规定的最低小时工资标准合理确定，原则上不低于每小时12元人民币。学生参加校内固定岗位的勤工助学，其劳动报酬由学校按月计算，酬金原则上不低于当地政府或有关部门规定的最低工资标准或居民最低生活保障标准，可以适当上下浮动。

5. 岗位申请

学生自主申报力所能及的勤工助学岗位，用工部门对学生进行面试，综合考虑申请学生的经济困难程度和工作能力，确定人选。在同等条件下，优先录取家庭经济困难的学生。

6. 管理要求

学校安排指导教师对勤工助学学生进行管理、考核和服务；对每个岗位确定的上岗学生进行岗前培训，岗前培训包括岗位职责说明、工作纪律要求、安全注意事项、酬金标准与考核说明等内容；对学生在岗表现进行记录，包括工作态度、工作时间、工作完成情况等；用工部门不得安排学生从事危险性的、有害身心健康和影响学习主业的工作，不得安排学生承担本来应由部门工作人员负担的本职工作或独立承担部门的主体性工作，不得让学生代替教职员工开展涉密性工作。

勤工助学实践活动在一定程度上能缓解家庭经济困难学生的家庭困难状况，锻炼他们自立自强的精神，提升社会实践能力，培养劳动光荣意识，是助力学生成长成才，促进学生全面发展的重要平台。

学校部分勤工助学岗位

岗位类型	用工部门	岗位名称	工作内容	岗位要求
教学助理类	教务处、科研图书馆	教室管理助理	多媒体教室和实训室等日常管理，设备维护，卫生清洁	认真负责，做事踏实，能熟练运用计算机进行自动化办公
		教科研助理	教科研资料整理、统计和归档等	
		图书管理助理	图书/期刊的搬运、整理、上架，自习室管理	
学工助理类	学工处、团委	学工助理	学籍、资助材料等的整理、汇总、存档及其他工作	有责任心，能吃苦，有良好的沟通协调能力
		宿管助理	协助进行楼栋管理、卫生检查、查寝	
		团学助理	团委团学活动的组织，物资的管理、发放和整理	
行政助理类	办公室、招就处	办公助理	打印复印材料，协助整理材料及归档；信件、报纸、期刊的登记和分发；会场布置，卫生清理	具备良好的沟通能力，有大局意识，熟知学校办公环境和专业建设情况，熟悉办公软件
		接待助理	接待来报到的新生及其家长，解答家长和学生的问题；企业来访人员的接待	
后勤助理类	总务处	勤务助理	协助进行校园清洁、校园卫生检查、安保巡查、绿植养护等	吃苦耐劳，工作认真、责任心强
		监管助理	学校食堂和超市的秩序维护、食品质量与安全监督、货品管理等	
信息技术类	网络信息中心	网管助理	学校计算机软件硬件的维修、网络管理及维护、广播电视机房管理等	熟悉计算机软件硬件和网络的维护

（五）工作过程

（1）要做到勤奋、诚实、细致、认真。

（2）熟练掌握Word、Excel、PPT等办公软件。

（3）协助老师做好各类文件的签发等工作。

（4）协助老师做好文件和资料的分类整理、电脑录入、装订入档工作。

（5）协助老师做好电话的接听和记录工作，并将情况及时反馈给老师。

（6）积极完成上级交办的其他工作。

（六）评价与分析

活动过程评价表

班级		姓名		学号		日期/星期	
序号	评价要点			配分	得分	等级	
1	出勤率（满勤/请假/旷工）			2		☐A（≥9分） ☐B（7～9分） ☐C（6～7分） ☐D（＜6分）	
2	工作态度			3			
3	技能考核			2			
4	卫生情况			1			
5	人际关系			1			
6	按时完成老师布置的任务			1			
	总分			10			
总评							

【学习资源包】

完善勤工助学工作机制　切实发挥资助育人功效

——教育部财务司、全国学生资助管理中心负责人就《高等学校勤工助学管理办法（2018年修订）》答记者问

近日，教育部、财政部联合印发了《高等学校勤工助学管理办法（2018年修订）》（以下简称《办法》），于2018年8月20日起施行。教育部财务司、全国学生资助管理中心负责人就《办法》回答了记者提问。

一、《办法》修订的背景和意义是什么？

学生资助工作事关社会公平、教育公平，是民生领域的热点话题，始终受到党中央、国务院和人民群众的高度关注。党的十九大报告明确强调"健全学生资助制度"，其中，勤工助学是高等学校学生资助政策体系的重要组成部分，是提升学生综

合能力和素质的有效途径，是实现全程育人、全方位育人的有效平台。

原《办法》（教财〔2007〕7号）自2007年6月实施以来，对于规范管理高校勤工助学工作、帮助家庭经济困难学生顺利完成学业发挥了重要作用。时隔11年，教育部、财政部在大量调研和广泛征求意见的基础上，重新修订《办法》，主要基于三方面考虑：一是以习近平新时代中国特色社会主义思想为指导，贯彻落实党的十九大精神，突出立德树人根本任务，健全学生资助制度，全面推进精准资助和资助育人工作。二是适应经济社会发展、勤工助学特点、学生个体发展需要，体现促进创新创业、规范管理、提高报酬等新要求。三是针对勤工助学发展的新变化，在总结实践经验、现实问题的基础上，理顺管理体制，明确工作责任，修改、补充和完善相关制度，更有利于高校勤工助学工作的管理和服务。

此次修订旨在着力培养家庭经济困难学生的自立自强、创新创业精神，将扶困与扶智、扶困与扶志结合起来，增强学生的社会实践能力，发挥勤工助学的资助育人功效，实现无偿资助与有偿资助的有机融合，形成"解困—育人—成才—回馈"的良性循环。

二、《办法》修订的主要内容有哪些？

修订后的《办法》共分9章33条，围绕以学生为中心的理念，积极搭建勤工助学全程育人、全方位育人的有效平台，突显了四个方面的内容。

一是突出资助育人要求。贯彻党的十九大报告"健全学生资助制度"的要求，落实习近平总书记在全国高校思想政治工作会议上的讲话精神，坚持立德树人，全面推进资助育人，以勤工助学活动为实践载体，加强对学生，特别是家庭经济困难学生的思想教育，培养学生热爱劳动、自强不息、创新创业的奋斗精神，增强学生综合素质，充分发挥勤工助学的育人功能。

二是提高勤工助学报酬。结合社会经济发展和在校学生消费水平，适度提高勤工助学酬金标准，对按小时计酬的，由原《办法》中原则上不低于8元调整为12元。

三是合理满足学生需求。校内勤工助学岗位按照以工时定岗与以需求定岗相结合的原则设置，主要为校内教学助理、科研助理、行政管理助理等岗位，既满足学生实践需求，又保证学生不因参加勤工助学而影响学习。寒暑假期间，各高校可根据学校具体情况适当延长勤工助学时间。

四是规范勤工助学管理。优化勤工助学管理方式，充分发挥学校的统筹管理作用，设立勤工助学专项资金，结合校内情况制定岗位报酬标准、资金使用与管理办

法。对校内开展勤工助学活动的，严格遵守国家及学校勤工助学相关管理规定。对校外开展勤工助学活动的，学校组织与用人单位和学生三方签订具有法律效力的协议书，明确各方的权利和义务及争议解决方式。

三、《办法》对学校在勤工助学管理方面有哪些要求？

《办法》在第二章组织机构和第三章学校职责中明确了学校管理的主要责任和内容。一是管理体制上，学校应成立学生资助工作领导小组全面领导勤工助学工作，统筹协调学校的宣传、学工、研工、财务、人事、教务、科研、后勤、团委等多部门配合学生资助管理机构开展勤工助学工作。同时，学校学生资助管理机构下设专门的勤工助学管理服务组织，具体负责勤工助学的日常管理工作。二是条件保障上，学校在工作安排、人员配备、资金落实、办公场地、活动场所及助学岗位设置等方面应给予大力支持，根据国家有关规定，筹措经费，设立勤工助学专项资金，并制定资金使用与管理办法，为学生勤工助学活动提供指导、服务和保障。三是奖惩机制上，对在勤工助学活动中表现突出的学生予以表彰和奖励；对违反勤工助学相关规定的学生，可按照规定停止其勤工助学活动。对在勤工助学活动中违反校纪校规的，按照校纪校规进行教育和处理。

四、《办法》对校内勤工助学岗位设置有哪些要求？

《办法》第二十一条对校内勤工助学岗位设置进行了具体规定，由原《办法》以工时定岗的原则调整为以工时定岗与以需求定岗相结合的原则设置岗位。

学校应积极开发校内资源，保证学生参与勤工助学的需要。校内勤工助学岗位设置以校内教学助理、科研助理、行政管理助理和学校公共服务等为主。按照每个家庭经济困难学生月平均上岗工时原则上不低于20小时的标准，测算出学期内全校每月需要的勤工助学总工时数（20工时×家庭经济困难学生总数），统筹安排、设置岗位。

学生应量力而行，在学有余力的前提下参加勤工助学活动。岗位设置既要满足学生需求，又要保证学生不因参加勤工助学而影响学习。学生参加勤工助学的时间原则上每周不超过8小时，每月不超过40小时。寒暑假勤工助学时间可根据学校的具体情况适当延长。

五、《办法》对勤工助学薪金标准有哪些要求？

《办法》第七章详细规定了勤工助学薪金标准，校内岗位根据固定岗位和临时岗位的不同，采取不同的计酬标准。固定岗位按月计酬，以每月40个工时的酬金原则上不低于当地政府或有关部门制定的最低工资标准或居民最低生活保障标准为计酬基准,可适当上下浮动。临时岗位按小时计酬,每小时酬金可参照学校当地政府或有关部门规定的最低小时工资标准合理确定,原则上不低于每小时12元人民币。

校外勤工助学酬金标准不低于学校当地政府或有关部门规定的最低工资标准,由用人单位、学校与学生协商确定,并写入聘用协议。

六、如何保障《办法》的贯彻落实?

教育系统将认真组织开展学生资助工作,尤其是勤工助学方面的相关培训,及时推动各级教育行政部门贯彻落实《办法》各项要求。一是要求各校结合学校实际,制定完善学校学生勤工助学活动的实施办法,使《办法》的各项要求落地落实。二是积极督促指导各高校根据国家有关规定,筹措经费,有效设立勤工助学专项资金,完善资金使用与管理办法。三是组织开展《办法》的学习宣传活动,通过收集整理各高校在落实《办法》中涌现的优秀案例,进一步发挥勤工助学活动在资助育人过程中的作用。

任务十二　岗位实践

【学习目标】

（1）掌握岗位实习的内涵、目的及注意事项。

（2）熟悉每个岗位的职责标准，切实履行好职责。

（3）了解劳动保护的目的、意义和基本内容。

（4）学会在岗位实习和劳动实践中保护自己。

【建议学时】

2学时

【工作情境描述】

根据所学专业的特点和就业方向，对自己未来所从事的职业进行规划，选择适合自己的岗位实习企业，明确岗位实习目标，了解劳动保护知识，学会在实习劳动中的自我保护。

【工作流程与活动】

确定实习企业和岗位后，尽快熟悉岗位的具体工作职责，了解岗位的劳动安全注意事项，在指导老师的指导下，遵守单位的各项工作规范和操作流程，开展工作。

学习活动1　岗位实习

（一）学习目标

（1）了解岗位实习的相关规定和要求。

（2）熟悉实习岗位的工作职责标准，切实履行好职责。

（二）学习准备

学习用品、网络。

（三）学时建议

1学时

（四）岗位实习的内涵、目的与注意事项

1. 内涵

职业学校学生实习，是指实施全日制学历教育的中职学校、高职专科学校、高职本科学校（以下简称"职业学校"）学生按照专业培养目标要求和人才培养方案安排，由职业学校安排或者经职业学校批准自行到企（事）业等单位进行职业道德和技术技能培养的实践性教育教学活动，包括认识实习和岗位实习。

2. 目的

（1）学习职业技能。实习是毕业生从学校进入职场的过渡阶段，是从课堂理论知识向实际知识应用的转化阶段，也是补充和完善所学专业知识、技能的一种有效手段。学生在实习过程中要依据职场要求，不断学习、继续提高自身专业知识和技能，为就业打下良好的基础。

（2）培养职业素质。实习生要不断加强自我修炼，学会团队协作和有效沟通，掌握基本的职场礼仪，建立良好的人际关系，养成踏实稳重、精益求精的做事风格。学会迅速适应工作环境，设立工作目标，优化工作方法，提高工作效率。

（3）掌握职业规范。职业规范是企业对员工的各种制度性约束，是企业文化的重要组成部分。在陌生的实习环境，要听从单位领导的安排，熟悉岗位职责，遵守单位的各项工作规范和操作流程，虚心向指导老师、同事学习，严谨细致地开展工作。

（4）习得职业态度。积极的职业态度能够激发人的热情，增强创造力，帮助我们积累小成绩成就大事业。学生在实习过程中要戒骄戒躁，保持乐观向上的职业态度，找准个人角色定位，明确方向目标，踏实工作，从简单的基础性工作做起，在工作中不断提升自身能力和水平。

3. 注意事项

（1）实习学生要严格遵守国家的法律、法规和相关规定，不得从事任何违法活动。

（2）实习学生应遵守职业学校的实习要求和实习单位的规章制度、实习纪律及实习协议，爱护实习单位的设施设备。

（3）实习学生要增强安全防范意识，提高自我保护能力，同时要注意合理安排作息时间。

（4）完成规定的实习任务后，需提交实习报告，岗位实习的考核结果记入实习学生的学业成绩。

岗位实习

（五）工作过程

（1）查阅岗位实习的相关政策和其他材料。

（2）谈谈自己未来的职业理想。

（3）与同学分享对于岗位实习的理解。

（六）评价与分析

活动过程评价表

班级		姓名		学号		日期/星期	
序号	评价要点		配分	得分		等级	
1	阅读材料		1			□A（9～10分） □B（7～8分） □C（6分以下）	
2	明白什么是岗位实习		1				
3	清楚岗位实习的目的		1				
4	知晓岗位实习的注意事项		1				
5	了解岗位实习的考核方式		1				
6	谈谈岗位实习的意义		1				
7	说说自己未来的职业理想		1				
8	至少参与一次课堂问答或讨论		1				
9	至少参与一次岗位实习政策的宣传		1				
10	按时完成老师布置的任务		1				
	总分		10				
总评							

学习活动2 劳动保护

（一）学习目标

（1）了解劳动保护的目的和意义。
（2）熟悉劳动保护的基本内容。
（3）学会工作过程中的劳动保护。

（二）学习准备

学习用品、网络。

（三）学时建议

1学时

（四）劳动保护的目的、意义和基本内容

1. 目的

劳动保护的目的是为劳动者创造安全、卫生、舒适的劳动工作条件，消除和预防劳动生产过程中可能发生的伤亡、职业病和急性职业中毒，保障劳动者以健康的劳动力参加社会生产，促进劳动生产率的提高。

2. 意义

保护劳动者在生产劳动过程中的安全与健康，是我们国家的一项基本政策，是坚持社会主义制度的本质要求，也是社会主义物质文明和精神文明建设的重要内容。劳动保护还是促进国民经济发展的重要条件。探索和认识生产中的自然规律，采取有效措施消除生产中的不安全和不卫生因素，可以减少和避免各类事故的发生；创造舒适的劳动环境，可以激发劳动者的热情，充分调动和发挥劳动者的积极性。这些都是提高劳动生产率，提升经济效益的基本保证。

3. 基本内容

（1）劳动安全保护。为了保护劳动者的劳动安全，防止、消除劳动者在劳动和生产过程中出现伤亡事故，以及预防生产设备遭到破坏，《中华人民共和国劳动法》

和其他相关法律、法规制定了劳动安全技术规程。安全技术规程主要包括机器设备的安全、电气设备的安全、锅炉和压力容器的安全、建筑工程的安全、道路交通的安全。企业须遵照这些安全技术规程使各种生产设备达到安全标准，切实保护劳动者的劳动安全。

（2）劳动卫生保护。为了保护劳动者在劳动生产过程中的身体健康，避免遭受有毒、有害物质的危害，防止、消除职业中毒和职业病，我国制定了有关劳动卫生方面的法律、法规，确定了相应的劳动卫生规程，主要包括以下内容：防止粉尘危害；防止有毒、有害物质的危害；防止噪声和强光的刺激；防暑降温和防冻取暖；通风和照明；个人保护用品的供给。企业须遵循这些劳动卫生规程，达到劳动卫生标准，切实保护劳动者的身体健康。

劳动保护标志

4. 防护用品

劳动防护用品部件分为：头部防护、呼吸防护、眼部防护、听力防护、脚部防护、手部防护、身体防护、防坠落用具、护肤用品。

（1）头部防护。头部防护是指当从高处坠落时保护头部免受伤害，以及日常工作中对头部的保护，主要产品有安全帽、安全头盔。按材质分为玻璃钢安全帽、ABS安全帽、PE安全帽。

（2）呼吸防护。长期在有着粉尘或有毒气体的环境下工作，若没有使用合适的防护产品，会对人体呼吸系统造成伤害。目前呼吸防护用品主要分为过滤式和隔绝式两大类。

（3）眼部防护。用以保护作业人员的眼睛、面部，防止受到外来伤害。分为焊接用防护眼镜、炉窑用防护眼镜、防冲击防护眼镜、微波防护眼镜、激光防护眼镜以及防X射线、防化学、防尘等防护眼镜。

（4）听力防护。听力防护是指对长期在90dB（A）以上或短时在115dB（A）以上环境中工作时受到伤害的防护。听力护具有耳塞、耳罩和帽盔三类。

（5）脚部防护。脚部防护是指在工作中保护足部免受伤害。主要产品有防砸、绝缘、防静电、耐酸碱、耐油、防滑等鞋子。

（6）手部防护。手部防护是指在工作中保护手部免受伤害，主要有耐酸碱手套、电工绝缘手套、电焊手套、防X射线手套、石棉手套、耐高温手套、防割手套、丁腈手套等。

（7）身体防护。用于保护职工免受劳动环境中的物理、化学因素的伤害。主要分为特殊防护服和一般作业服两类。

（8）防坠落用具。用于防止坠落事故发生。主要有安全带、安全绳和安全网。

（9）护肤用品。用于外露皮肤的保护。分为护肤膏和洗涤剂。

（五）工作过程

（1）查询劳动保护的相关规定和要求。

（2）多渠道搜集劳动保护方面的典型案例。

（3）与同学交流如何在工作中作好劳动保护。

（六）评价与分析

活动过程评价表

班级		姓名		学号		日期/星期	
序号	评价要点			配分	得分	等级	
1	能在规定的时间内自己查阅资料			2		☐A（9~10分） ☐B（7~8分） ☐C（6分以下）	
2	清楚劳动保护的意义			1			
3	知晓劳动保护的基本内容			1			
4	提供两个以上劳动保护的相关案例			2			
5	交流对劳动保护的认识			2			
6	谈谈自己在工作中如何作好劳动保护			2			
	总分			10			
总评							

【学习资源包】

《劳动防护用品配备标准（试行）》编制及有关问题说明

一、本标准是根据《中华人民共和国劳动法》等有关法律法规，为进一步加强劳动防护用品的管理，保障劳动者在劳动过程中的安全和健康而制定的。

二、本标准适用于中华人民共和国境内所有企事业和个体经济组织等用人单位。

本标准规定的劳动防护用品，是指在劳动过程中为保护劳动者的安全和健康，由用人单位提供的必需物品。用人单位应指导、督促劳动者在作业时正确使用。

三、国家对特种劳动防护用品实施安全生产许可证制度。用人单位采购、发放和使用的特种劳动防护用品必须具有安全生产许可证、产品合格证和安全鉴定证。

四、用人单位应建立和健全劳动防护用品的采购、验收、保管、发放、使用、更换、报废等管理制度。安技部门应对购进的劳动防护用品进行验收。

五、本标准参照《中华人民共和国工种分类目录》，选择了116个工种为典型工种，其他工种的劳动防护用品的配备，可参照附录B《相近工种对照表》确定。如油船清洗工的劳动防护用品配备标准，从附录B中查得属序号3"加油站操作工"的相近工种，应参照"加油站操作工"的配备标准确定。

六、本标准参照国家标准GB11651-89《劳动防护用品选用规则》，根据各工种的劳动环境和劳动条件，配备具有相应安全、卫生性能的劳动防护用品，用标有代表各种防护性能的字母表示（如cc，fg，hw等，详见附录A《防护性能字母对照表》）。标准中工作服的材质、式样和颜色必须符合有关工种操作安全的要求。

七、凡是从事多种作业或在多种劳动环境中作业的人员，应按其主要作业的工种和劳动环境配备劳动防护用品。如配备的劳动防护用品在从事其他工种作业时或在其他劳动环境中确实不能适用的，应另配或借用所需的其他劳动防护用品。

八、本标准要求为一部分工种的作业人员配备防尘口罩，纱布口罩不得作防尘口罩使用。

九、防毒护具的发放应根据作业人员可能接触毒物的种类，准确地选择相应的滤毒罐（盒），每次使用前应仔细检查是否有效，并按国家标准规定，定时更换滤毒罐（盒）。

十、本标准中将帆布、纱、绒、皮、橡胶、塑料、乳胶等材质制成的手套统称为"劳防手套",用人单位应根据劳动者在作业中防割、磨、烧、烫、冻、电击、静电、腐蚀、浸水等伤害的实际需要,配备不同防护性能和材质的手套。

十一、本标准中的"护听器"是耳塞、耳罩和防噪声头盔的统称,用人单位可根据作业场所噪声的强度和频率,为作业人员配备。

十二、绝缘手套和绝缘鞋除按期更换外,还应做到每次使用前作绝缘性能的检查和每半年作一次绝缘性能复测。

十三、对眼部可能受铁屑等杂物飞溅伤害的工种,使用普通玻璃镜片受冲击后易碎,会引起佩戴者眼睛间接受伤,必须佩戴防冲击眼镜。

十四、生产管理、调度、保卫、安全检查以及实习、外来参观者等有关人员,应根据其经常进入的生产区域,配备相应的劳动防护用品。

十五、在生产设备受损或失效时,有毒有害气体可能泄漏的作业场所,除对作业人员配备常规劳动防护用品外,还应在现场醒目处放置必需的防毒护具,以备逃生、抢救时应急使用。用人单位还应有专人和专门措施,保护其处于良好待用的状态。

十六、建筑、桥梁、船舶、工业安装等高处作业场所必须按规定架设安全网,作业人员根据不同的作业条件合理选用和佩戴相应种类的安全带。

十七、考虑到一个工种在不同企业中可能会有不同的作业环境、不同的实际工作时间和不同的劳动强度,以及各省市气候环境、经济条件的差异,本标准对各工种规定的劳动防护用品配备种类是最低配备标准,对劳动防护用品的使用期限未作具体规定,由省级安全生产综合管理部门在制定本省的配备标准时,根据实际情况增发必需的劳动防护用品,并规定使用期限。

十八、对未列入本标准的工种,各省级安全生产综合管理部门在制定本省的配备标准时,应根据实际情况配备规定的劳动防护用品。